生活廣場 13

愛情・幸福
完全自測

淺野八郎／著
陳 蒼 杰／譯

大展出版社有限公司　發行
品 冠 文 化 出 版 社　經銷

序言

人的心理是讓人非常不可思議的，和十年前、二十年前比較起來，周圍的一切環境已有了很大的進步，並且更加便利，而我們的生活豐裕富庶，但與這繁榮相矛盾的是，人心的迷失竟然是呈等比例的在持續增加。

例如，乍看之下，工作認真且優秀的青年菁英，有一天竟突然劫機，並且發生了殺害機長的事情，想必有很多人在看了這事件之後，都會有「人心如謎」的感想。

因經濟不景氣的情況持續未減，中老年人自殺的人數逐年增加；學校裡強欺弱的虐待事件頻頻發生等情形來看，顯然我們有著豐富的物質生活，但心靈的不安感卻是漸漸高漲。這是因人們在社會、學校與家庭的生活中，迷失了自我所造成的。

重新自我檢視，讓自己所擁有的才能發揮出來，進而改善與朋友、戀人或公司同事等等的人際關係，為了要達到讓自己每天充實而快樂的目的，起初最重要的，便是要試著了解周邊人們的心理。

這可喻為尋求「自我探索」的心理遊戲，以輕鬆、愉快，再加上一點點認真的態度，來試著占卜現在的自己，若能因此而增加活力，且能找出讓自我重新出發的啟示，這就是作者最高興的事情了。

淺野八郎

目錄

序言……3

第1章　利用人際關係來掌握好運

基本原則……11

以開朗的表情說話／不要在廣闊而應於狹小處談話／複雜的話題留到晚上再說／保持著「被喜愛」的自信，必能得到「被喜愛」的效果／「接觸」會影響產生的印象

「人際關係度的測驗」……16

解說……18

決定第一次見面印象的法則……20

第一印象的五大重點／別離時的「第二印象」／離別時在心中喃喃自語

專欄　以「限時」或「掛號」所寄出的信件……25

第2章 如何應用發揮內在的潛能

「你的才能1 特質」……26
「你的才能2 願望」……30
「你的才能3 思考」……34
解說……40
測驗你的憂鬱指數……44
解說……46

第3章 依日常生活來探討深層心理

長相與心理不可思議的關係……49
即使整型長相也不會變／你不了解自己的臉孔／成為另一個人的實驗／不對稱是人類才有的特徵／面孔的深層心理分析
每晚所作的夢能表達潛在的心理……58
每人每天都會作夢／會影響夢境的是什麼／用象徵來表達／夢境只向你傳達／試著解讀你的夢
夢境的基本判斷……62

專欄　對嬰兒的關愛與嬰兒的個性……66

第4章　了解男孩隱藏的心思

了解男孩的測驗1　行　動……67
診　斷……70
了解男孩的測驗2　心　理……74
診　斷……75
了解男孩的測驗3　價值觀……78
診　斷……79
綜合評價……82
專欄　以掌握秘書的心理為先……83
「開始戀愛的原因」——戀愛引導法則　84
為什麼會喜歡對方呢？／不安的情緒會使好感大增
檢視你受喜歡的程度……88
「為了受歡迎的再度檢查」……90
寫明信片／與朋友和好的方法……91

隨時可應用的心理測驗

步驟1　隨口問問……92
步驟2　詳細詢問……95
測驗　誠實度……98
步驟1之2　節制力的探索……99

步驟3 再接再勵……106

第5章 為了瞭解另一個「我」

測驗……113

人面獅身的喃喃自語／令人難以置信的事／情人節的告白／藏私房錢的方法

「你讓人討厭的程度」……120

解說 避免被討厭的注意事項……122

找不到討厭的理由……123

突然開始討厭對方的缺點／沒有持續相互了解／一起成長最重要

「受歡迎的交際方法」……126

解說 提高好感度……128

測驗你的疲勞度……129

解說 排除你疲勞的方法……131

「你所關心的趨向為何？」……132

「關切」趨向須知……134

第6章　性的關切、異常度須知

因性格差異，嗜好亦不相同……136
隱藏於內心的性意識／性是兩心合一的喜悅
「你好色的程度如何？」……138
解說　依好色程度判斷類型……140
為了使性愛更美好……141
你有得到好處嗎？……147
「女性　測驗男性的願望」……150
解說　性愛慾望須知……154
兩人一同尋樂的心理測驗……156
對於男性的測驗……156
對於女性的測驗……158
診斷（男性的個性）……161
診斷（女性的個性）……163
解說　會成為如何的配偶呢？……166

第7章 癖好所顯示之內心秘密

深層心理測驗……168
她所選擇的調味料……182
觀察女性坐姿雙腳擺放……184
手的動作所顯示的內心狀態……186
仔細觀察說話的口氣……188
依酒杯的拿法可觀察對方的心態……189
依伸手時的手勢來了解對方……190
依手所觸摸的位置來判讀對方……193
回顧兩人並肩同行時的情況……196
因不同個性的話筒拿法……197
依看電視的位置來了解你自己……199
依熄煙的方法來了解人的個性……201
依鞋底磨損的情況來判別不同的個性……202

第1章 利用人際關係來掌握好運

傳遞內心的情意讓自己所喜歡的人知道，最好的方法不是用嘴巴而是以眼睛。利用有神的目光，讓對方能

基本原則1

以開朗的表情說話

認真地直視著對方的眼睛說話，就會產生一種心理作用，能讓自己的情感更正確的表達。

美國的心理學家赫斯就說：「人的瞳孔，在相同的光線下，觀看自己喜好的東西時，會逐漸張大，若是看見自己討厭的東西則會縮小。這就是人們看見了趣味的事物，眼睛會發出閃亮的光芒，其不同的原因所在。」

在眼神了解或讀取你「內在的誠意」，而加強了對你的印象。離別之後仍對你這個人久久難忘，想必是因你那雙有神的目光讓人難以忘懷吧！

基本原則2 不要在廣闊而應在狹小處談話

相處的位置與室內的寬廣度，對於談話時彼此心意或情緒的傳達有著難以想像，相當大的影響。若要使戀愛中的男女更加親密，自古以來便認為在二坪半的房間內相處最適合了。

因為無論是相視對談，或依偎聊天，這空間都剛好。因為就說服或對談的場所而言，空間的大小對心理上有著很大的影響力。

在寬闊的空間之中，不僅較難傳達自己的想法，且難有拉近距離的舉動。這是因為二人的距離過於遙遠而無法彼此間產生親切感。

基本原則3

複雜的話題留到晚上再說

對於難以說明、難以解決，或容易引發糾紛爭議的困難問題，最好是留到夜裡，利用晚上的時間再來討論，效果會較白天好很多。

在陽光普照的大白天裡，人們較會以冷靜的態度思考，並且也會壓抑自我之慾望。到了夜晚，則容易喪失理智而接受情感的支配，而以感性的態度接受一切。

這便是為什麼像一切活動的開幕、閉幕等儀式，若是在夜晚舉行的便較為盛大、熱鬧的原因。

若要加強給予他人的印象，在夜晚的效果其實是較白天來的大。為何夜裡的宴會會給人較深刻的印象呢？那是因在夜裡若發生稍稍令人感到不滿或討厭的事情，人們會不加詳思的掉它。

這種對於一切事物都容易感動的情緒，在夜裡會不知不覺的高漲起來，此時，若再加上喝一點小酒的話，那人們便更容易感動了！

基本原則4

保持著「被喜愛」的自信，必能得到「被喜愛」的效果。

相信自己內心所想的，一定能讓對方了解此談話——的心理之下，原本以為無法了解此次談話的對方，竟也會接受了自己的想法。這種心理，便稱為「預言效果」。相反地，若是心理上早已自我預設了無法讓對方了解的心態。在談話中也就會變得愈來愈難以溝通。

就推銷業務員而言，這種效果的影響力最大。所以在出任一項困難的商務交涉時，一開始心裡就有了「今天的任務實在太難了，實在沒辦法讓對方了解」的想法，而進行的商談，可能連讓對方了解的機會都沒有成功，就告失敗了。

在與異性的交往上也是如此。當面對自己心儀的對象時，要在心中喃喃自語「我們兩個一定會合得來」、「他一定會喜歡上我」並且凝視著對方。如此一來，二人之間潛在性的「預言效果」也會因此而高漲。而對方的心中也會有了「喜歡」的印象。

基本原則5

「接觸」會影響產生的印象

要說服對方時，單單只依靠語言是很難成功的，尤其在面對初次見面的人，會很難傳達自己的情緒，或是有事央求於人，更是無法表達自己內心想說的話。歐美人與日本人的說話方式，最大的不同點在於，談話中的肢體動作。

歐美人在說表示「高興」的話語時，會以肢體動作來強調「高興」的心情。可是日本人在談話時，就鮮少利用動作來表達情緒。

過去，細川內閣誕生時，有不少人期待，政治能開始有所革新。因為「新政治」的形態是在以往政治家所沒有見過的。且因細川先生的說話模式與肢體語言，所造成對臉部印象深刻的影響。

有時，肢體語言會給人留下強烈的印象。

人際關係度的測驗

他人對你的印象

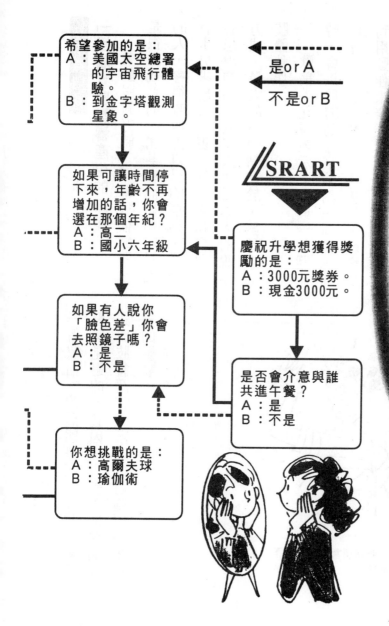

是or A (dashed arrow)

不是or B (solid arrow)

SRART

慶祝升學想獲得獎勵的是：
A：3000元獎券。
B：現金3000元。

是否會介意與誰共進午餐？
A：是
B：不是

希望參加的是：
A：美國太空總署的宇宙飛行體驗。
B：到金字塔觀測星象。

如果可讓時間停下來，年齡不再增加的話，你會選在那個年紀？
A：高二
B：國小六年級

如果有人說你「臉色差」你會去照鏡子嗎？
A：是
B：不是

你想挑戰的是：
A：高爾夫球
B：瑜伽術

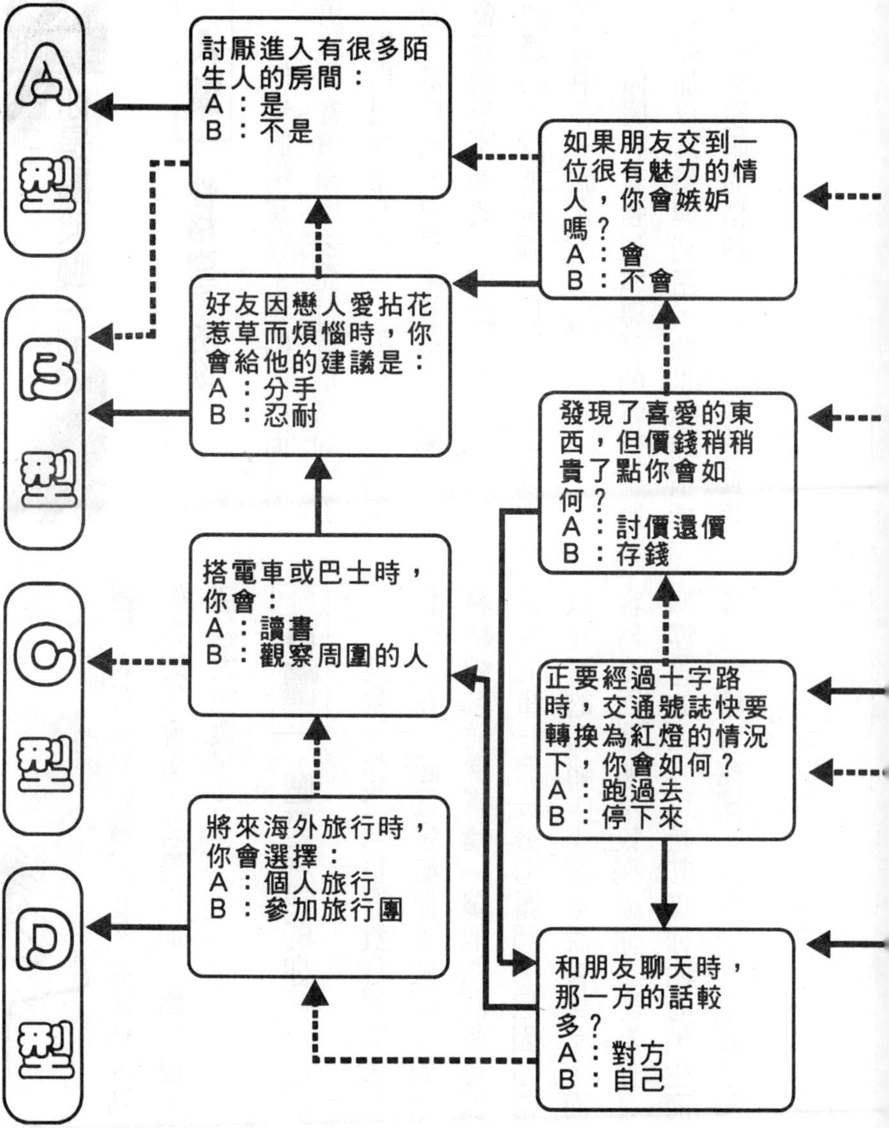
A型
B型
C型
D型
討厭進入有很多陌生人的房間：
A：是
B：不是
如果朋友交到一位很有魅力的情人，你會嫉妒嗎？
A：會
B：不會
好友因戀人愛拈花惹草而煩惱時，你會給他的建議是：
A：分手
B：忍耐
發現了喜愛的東西，但價錢稍稍貴了點你會如何？
A：討價還價
B：存錢
搭電車或巴士時，你會：
A：讀書
B：觀察周圍的人
正要經過十字路時，交通號誌快要轉換為紅燈的情況下，你會如何？
A：跑過去
B：停下來
將來海外旅行時，你會選擇：
A：個人旅行
B：參加旅行團
和朋友聊天時，那一方的話較多？
A：對方
B：自己

解說 你是屬於哪一型？

A型 性格強烈的你

你是個相當有主見的人，而且有勇氣，會積極地去面對新事物的挑戰，對自己非常有自信，但有時卻很頑固。當自己的意見未被他人接納時，會感到很不高興。因此，你很容易被周邊的人認為是個「任性」、「以自我為中心」的人。

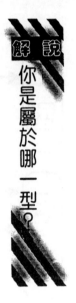

你擁有著強烈領導者的特質，應好好加以珍惜與利用。像是你那積極且不易屈服的精神，如果能再培養傾聽他人意見的胸懷，必然能使你成為優秀的領導者，若是再加上幽默感，那就太完美了。

B型 嘻笑浮誇的你

其實，你是個很有責任感的人。和朋友在一起就會發揮不做不行的服務精神。並會認為「讓他們高興是很重要的事」而去努力奮鬥。但因你常以亢奮的情緒，不斷地說著笑話，而容易使周圍朋友較輕視你，認為你是個浮誇的人。可是其實你內心怕生而且心地相當純潔，只是別人很難了解你罷了。

你開朗的氣息會讓周邊的人受到你的感染而跟著明亮、快樂起來，所以完全不需要自卑，而該信心滿滿地將自己的想法充分表現出來。但沒意見時也無需牽強地要求表現。

總之，有時也要表現自己有思考的一面就是了。

C型　難討人喜歡的你

你是個相當正直且嚴格的人。會對那些阿諛奉承或在他人背後說壞話等行為的人，看成是絕對不可原諒的壞蛋，因為誠實坦白地表達你的感情，所以會有「能對討厭的人迎面微笑嗎？」的想法。因此，周圍的人也許在背地裡會說你是個「難以相處」、「毫不可愛」的人。

其實直率且認真的你，絕對會嚴守別人的秘密，相當值得讓人信賴，所以了解你的朋友，都會與你無話不談。如果人們能清楚，那些撒謊或做壞事的人擅長偽裝的溫和與體貼的話，那麼，一定會大大提升對你的人格評價。

D型　優柔寡斷的你

你是個相當謹慎的人，在行動前總先做好最壞的打算，若沒有萬全的準備就不會開始進行，也就是會努力

避開所有沒必要的危險。但是，通常自己會過於謹慎而不主動表達內心的想法，而使週邊的人批評你是個「膽小」、「沒法明確表示意見」的人。

一個組織裡若沒有像這類謹慎的人參與，便很容易就遭受到危險，所以你的謹慎對一個團體而言，是非常重要的。但若常保持沈默，就容易被他人誤解，因此，應該對自己有自信，充分表達自己的想法，如此一來，謹慎且和氣的性格，必會讓人覺得很有安全感。

決定第一次見面印象的法則

第一印象的五大重點

是受到何種心理作用的影響，人們對於彼此初見面的第一印象，有了好、壞的差別。綜合了種種學說，得到以下五點結論：

(1)外在形象給人的好感。

(2)沒來由天生給人的好感。

(3)利用肢體語言或表情所傳遞的好感。

(4)先入為主的暗示效果。

(5)受位置或當時情況，物理性的影響。

在歐美，關於此類初見面印象的契機研究，總是非常熱絡。但讓人感到有趣的是，在法國出版此類的書當中，其標題多是「最初的五分鐘」。

但在美國，其標題卻為「最初的四分鐘」。但，都是把最早的幾分鐘視為決定印象好壞的最佳時機。所以初見面四～五分鐘的會晤與談話便成了關鍵所在。但日本人認為，也許時間更短，所以其標題有很多是「最初的三分鐘」。

下面所舉的例子，不知其真實性有多少，明治維新時，在決定是打開江戶城或由軍方發動總攻擊等等重要抉擇的關鍵會談上。軍方由西鄉隆盛代表，幕府這邊則由勝海舟代表。地點是在品川進行會面，大家都以為，二人將會展開一場激烈的論辯。沒想到彼此見了面，只是沈默地注視著對方的眼睛，三分鐘後兩人不約而同的說出「知道了」這句話，就從容的離開了。

日本人的觀念裡，這樣的會晤才是具有男子氣概且擁有勇者的風範。他們認為，男性是無需依賴長時間的談話，而是該利用短時間心靈的交談，用心去領會彼此才是最重要的。

處於現在這個凡事機械化、電腦化的時代裡，和長時間的商談相較起來，「與人接觸」的三分鐘就顯得愈來愈重要了。像以前，總需耗費相當長的時間，一面商談一面傳遞自己的想法以求說服對方，都已經很難了，所以就現在，人們沒有充裕的時間、心情難以從容穩定的情況下，如何能好好的運用初見面的三分鐘契機，將是個很重要的課題。而如何將短時間內給人的印象和三分鐘「與他人會面」的契機，轉變為有正面的效果。將會在工作或日常的人際關係上，愈來愈受到重視。

為了應徵工作而接受面試的三分鐘、旅行時豔遇、業務員出訪的最初三分鐘、重大工程、最終下決定的三分鐘，雖然僅只是短短的三分鐘，但卻會因此而決定很多的命運。

別離時的「第二印象」

有時在第二次碰面時給人的「第二印象」，會和之前所說的「第一印象」有迥然不同的差別，其實在初見面要開口道「再見」的最後印象，也會和「第一印象」有所不同，而這亦可稱為「第二印象」。

有的人在道別時，會讓人想早點回家，趕快離開，有的人則會讓人覺得依依不捨。許多人主張說：人際關係的良好與否，關鍵在於，別離時的「第二印象」。

像電影史上的經典畫面，多是讓

人印象深刻的「別離」鏡頭。文字作品中，也以對「別離」的描寫最讓人感動，就表現很細微的法文來說，相當於「再見」意義的詞句就有八個以上。其中有餘韻綿綿的「再見」或形式化的「再見」，由於說出哪種「再見」會影響到下回也許會令人興奮，或迫不及待的再次碰面。所以道別時要在彼此的心中留下另一個深刻的回憶，這也就是指「第二印象」了。

離別時在心中喃喃自語

道別時，若是在心裡跟自己說「一定能再見面」，那麼，往後能再和對方碰面的機率就會比普通道別後的相遇要高出許多，在心理學上稱此為「皮美良效果」。

如果第一次見面時便被對方所吸引，但對方似乎對自己沒有什麼特別的好感，若是在這種情況下道別的話，再碰頭的機會可以說是沒有了，只是就這樣淡然的告別了，不是件很遺憾的事嗎？心裡有好感，就該再見一

次面，讓對方了解你心裡的感受。

因此，告別時的心情與態度就變得非常重要囉！如何能讓對方也產生想再見一次面、再聯絡談天，才是最要緊的事。

現代人一天之中最少要與五個以上的人接觸，更別說那些事業心強，活躍於顧客之間的業務員，其實在他們不計其數的外出訪談中，多的是出於禮貌性的會面，通常不會給人留下什麼特殊的印象，但某些人卻有讓人想再次見面的絕佳魅力，有的人則會讓人不想再碰到他。

有時，離別了好幾天，突然想打電話給對方，或聽聽他的想法，雖然

你有這樣的念頭，但對方未必對你有相同的好感。

或許初見面的印象上對你沒什麼感覺，說不定憑著你的努力，能獲得彼此再度見面的機會，其工夫就在於如何應用心理學，使「第二印象」深刻，這就需要發揮個人的智慧了。別離時，若只是簡單寒暄幾句就道別，即使有大好機會也會因此而喪失。還是能應用「皮美良效果」來提高見面機率的人，較容易抓住機會。

⊙專　欄⊙

以「限時」或「掛號」所寄出的信件

在寫給名人或公司經營者的信件裡，通常一天就有好幾百封。在這些信件中，你的信會受到別人特別關注的機會可說是沒有。但可別因此就早早放棄哦！

就我而言，每天所收到的信，也都在一百封以上，但因為工作繁忙，要看完所有的信件，實在是很難做到，因此發現，在那麼多信件當中，自己會十分關心且充分閱讀的信件，和看過卻沒什麼印象的信件，二者間有著許多明顯的差別，以下便以條件的方式來加以說明。

(1)以「限時」或「掛號」送達的信件都要過目。

(2)字體端正，有附上寄信人姓名的信件，必會引人關注。

(3)即使是大人寫的信，但是用鉛筆寫收信的信函，那閱信者的關心度就會因此減低。

(4)信函上收信人的名字寫錯，有八十%的機率，信的內容也會交待不清楚，自然收信人就不太會關心。

(5)使用特別的紀念郵票或精美信封的人，通常都很認真，且會提出深刻的問題來討論，所以多會引人關注。

像如此的心態，不單單是我，和我一樣會收到很多信的人都會這樣認為，所以，如果要寄出去的信，能讓對方注意並且閱讀的話，就要留心上述的條件才是。

第2章

如何應用發揮內在的潛能

你的才能1　特質

A

B

SRART

是否常做彩色的夢？
A:是
B:不是

吃便當時是否會先吃自己愛吃的食物？
A:是
B:不是

皮包內只有3000元時，朋友卻說：「可否借我2000元」時，你也會借嗎？
A:會
B:不會

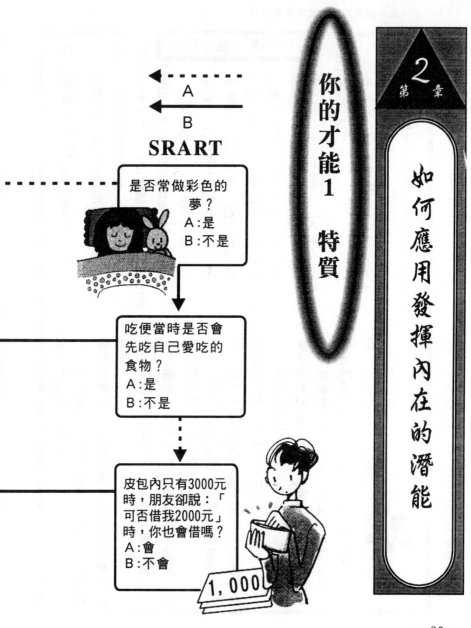

在家吃飯時會想配醃菜嗎？
A:是
B:不是

研討會上問「各位有問題嗎？」若你有問題時會如何？
A:馬上舉手發問
B:先觀察一會兒再說

喜歡何種顏色的氣球？
A:藍色
B:粉紅色

打電話時對方在談話中，你會馬上再打一次嗎？
A:會
B:不會

拆信的方式，是以剪刀整齊剪開的多嗎？
A:須用剪刀很整齊的剪開才可以
B:用手撕開就

50元錢幣掉進馬桶時，會很不甘心的撿起來嗎？
A:會
B:不會

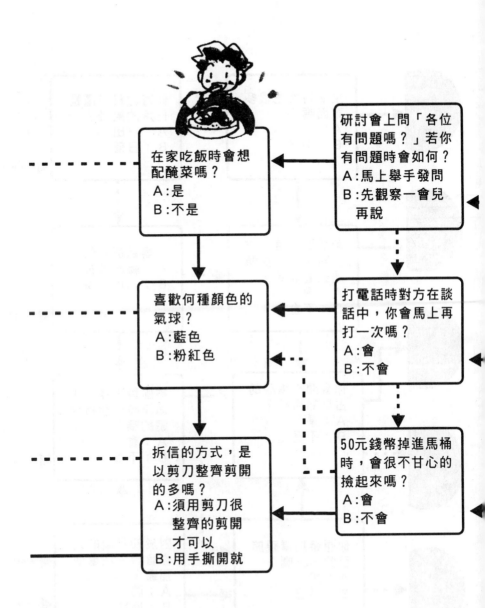

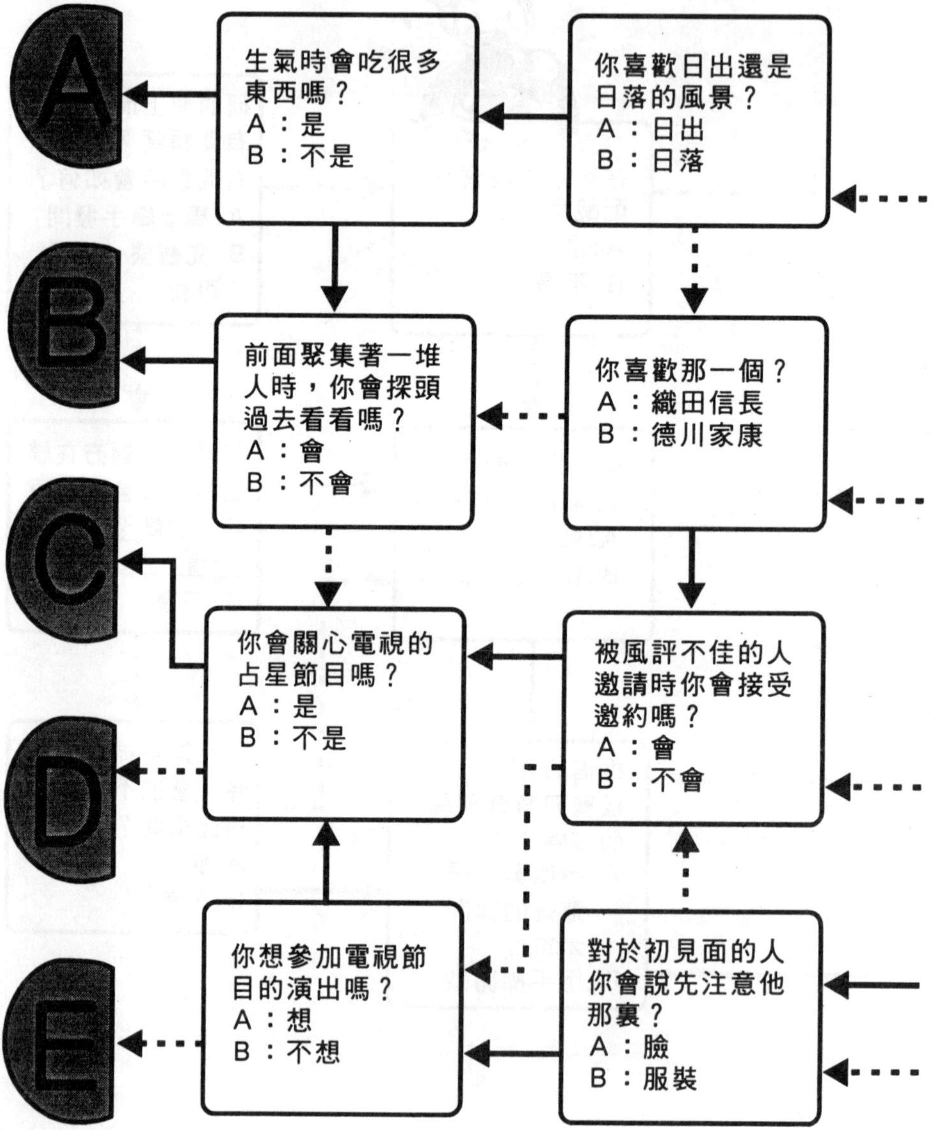
A
B
C
D
E
生氣時會吃很多東西嗎？
A：是
B：不是
你喜歡日出還是日落的風景？
A：日出
B：日落
前面聚集著一堆人時，你會探頭過去看看嗎？
A：會
B：不會
你喜歡那一個？
A：織田信長
B：德川家康
你會關心電視的占星節目嗎？
A：是
B：不是
被風評不佳的人邀請時你會接受邀約嗎？
A：會
B：不會
你想參加電視節目的演出嗎？
A：想
B：不想
對於初見面的人你會說先注意他那裏？
A：臉
B：服裝

解說

A　多愁善感型：

你是個會反覆慎重思考的人，但卻常僅停留在思考，若真要付諸行動時，不是沒自信就是會感到徬徨、迷惑，其實，你是個情感豐富又怕寂寞的人。只要肯作就會不斷向前衝。

只是在行動前，會常因負面的思考而打退堂鼓罷了。

B　感情用事型：

你是個熱的快、冷的也快、三分鐘熱度的人。情緒來時亢奮的心情會讓你表現的相當有熱情，可是一旦熱情遇到困難、受到阻礙時，就會迅速的冷卻下來。其實，你很熱情，並對自己喜愛的事物會相當投入，而且具有很獨特的思考與構想，唯一的缺點就是情緒變化太快啦！

C　順應安全型：

你會很自然的附和所有人，做事情也都能達到相當水準的完成，是個順應性高的人，即使討厭，也會想隱藏而不表現出來，因為不會無理地牽強辦事，而且會以安全做為第一考量，所以有時再努力一下就可完成的事，也會因此而放棄掉。

同時，在追尋夢想時也缺乏獨排眾議，執意完成的毅力。

D　朝目標努力型：

你是屬於一步一腳印努力踏實型，不會有華麗的行為，只是一步步著實地往目標邁進，夢想中的目標愈大，就愈是會提幹勁的人。

像是普通人會放棄的艱難工作，你也都會強忍痛苦的去完成它，有責任感，被人寄附重任時就愈有鬥志，這便是你的寫照。

E 積極行動型：

你是個在思考前就會採取行動，最討厭無事可做，工作愈困難執行意願愈高的人。你討厭猶豫不決，是個會讓構想實現的行動派，但有時卻會因操之過急或缺乏深思熟慮反而把事情搞砸了。

你的才能 2願望

如果有想看的電視，可是手邊卻有明天就要交的企劃案或作業時，你會怎麼辦？

A、看完電視再作
B、事情完成了再看
C、邊看電視邊作

聽收音機的廣播時，被家人罵說「聲音那麼大，吵死人了」，你會有怎樣的反應？

A、把音量關小
B、戴上耳機來聽
C、心情惡劣，把收音機關掉

迎面來一位朋友，但對方並沒有發現自己時，你會如何？

A、大聲叫住他

B、向他揮揮手

C、等對方來發現自己

如果你看見一個男生匆匆地衝進男廁所，再匆匆地跑出來，你會以為是發生了什麼事？

A、廁所裡客滿

B、沒有衛生紙

C、正在施工中

如果聽到朋友生病入院的消息時，你會怎麼辦？

A、一個人前往探病

B、找朋友一塊去

C、打電話問他家人

當電視進廣告時，你會如何？

A、轉看其他的頻道

B、接連著繼續看下去

C、電視開著，但起身去上廁所或做其他的事。

想搭捷運，已在爬樓梯時，突然聽見電車進站，你會如何？

A、趕快跑上去

B、不慌不忙的繼續走

C、加緊腳步，但不會用跑的

關於會議上的發言，你是屬於那一位？

A、聽一、二個人發言後，你才

舉手說話

B、不會介意周圍的人，想發言就發言

C、很少發言

如果和朋友約好五點時在車站前碰面，你會何時到達地點呢？

A、早五分鐘前到達目的地

B、在剛剛好五點鐘時到達

C、會慢幾分鐘才到達

參加資格鑑定時，坐在旁邊的朋友打暗號過來，要你告訴他答案時，你會怎麼做？

A、默默地把答案給他看

B、做「不行」的訊號給他

C、告訴他「我也不知道！」

●採分

把你對各問題的答案和下面的表格對照，將分數計算出來。

T ╲ 答	1	2	3	4	5	6	7	8	9	10
A	1	1	5	1	1	5	5	3	1	5
B	3	3	3	5	3	1	1	5	3	3
C	5	5	1	3	5	3	3	1	5	1

◆合計分數

10～19 分　　ㄅ型

20～29 分　　ㄆ型

30～39 分　　ㄇ型

40～50 分　　ㄈ型

解說

ㄅ 以團隊合作來求自我實現型

你為了要達成夢想，並不會獨自一個人去努力，而是會和志同道合的朋友一起打拼，在行動當中你會希望有能力強的人來加入支援，或是能與了解自己的人一同合作，你不愛求表面功夫，是個腳踏實地做事的人，這就是你的個性。

ㄆ 單獨或合作都好型

你不論在團體中或自己一個人都可以有很好的表現，無論是以集體合作或單打獨鬥的方式來達成理想，在你的觀念裡都是可以接受的，只是屬於你心中慢慢萌發的想法，也許會因要達成目標而與現實有所妥協。

ㄇ 違背自我以求實現型

表面上，很願意與大伙共同合作奮鬥，可是一旦行動了，卻會有以自我為中心的念頭。

所以，你是個性格乖僻，無法以坦誠的心態來求自我實現的人，時常表面上已和他人達成妥協了，但心中卻還不斷地在反駁。

ㄈ 一匹狼式自我實現型

你是個表現慾強的人，因為喜歡出風頭，想被大家肯定，所以不願和大家集體合作，而會選擇較可以發揮個人能力的工作，討厭守候，喜愛追求華美事物且具有隨時進攻的本色，這就是你的個性。

你的才能 3 思考

在以下各題中，請依直覺選出你最喜歡的圖案。

1

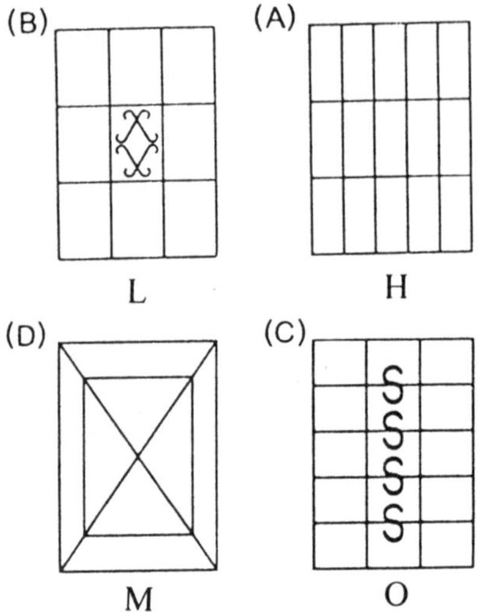

2

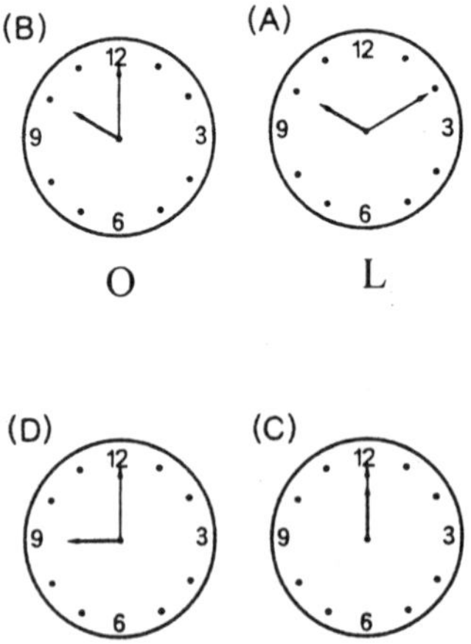

3

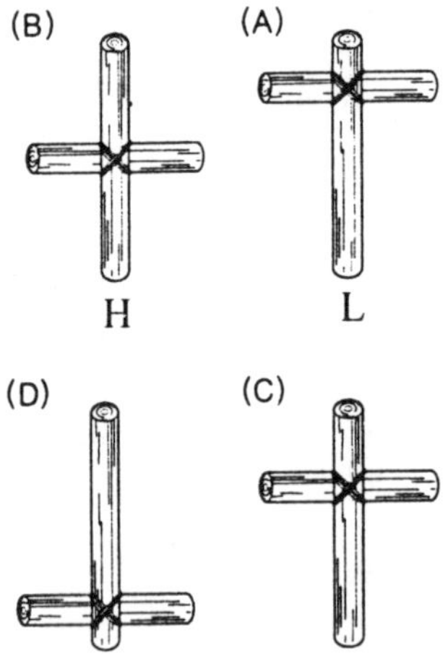

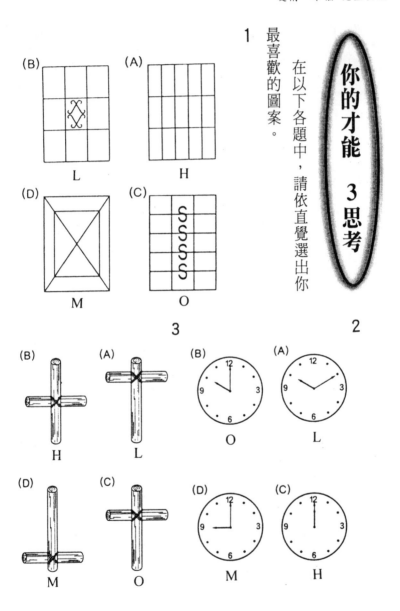

4

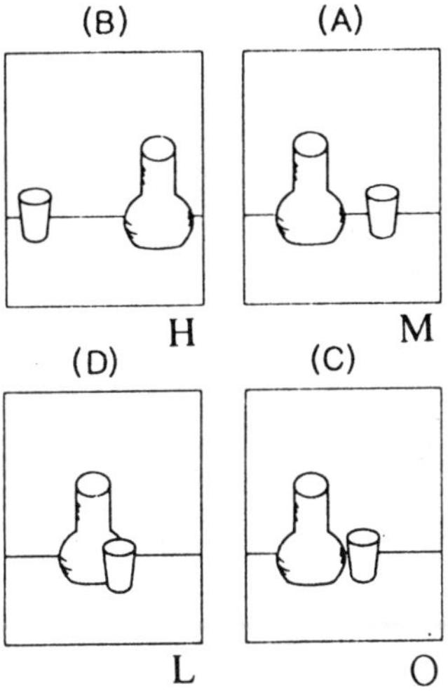

5

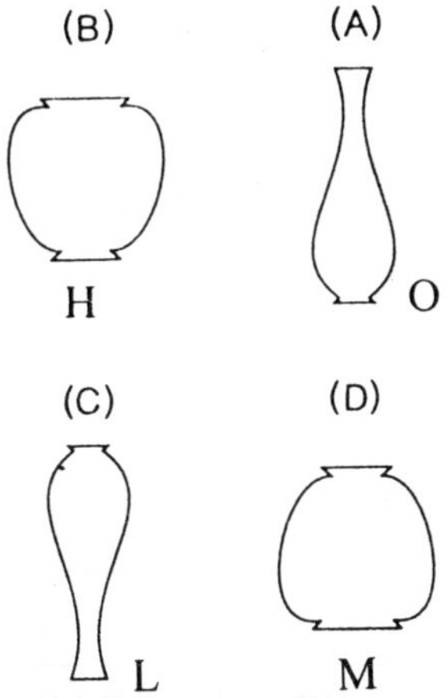

6

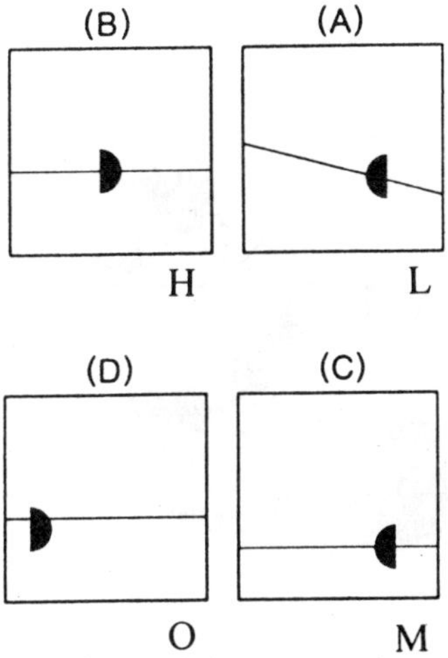

7

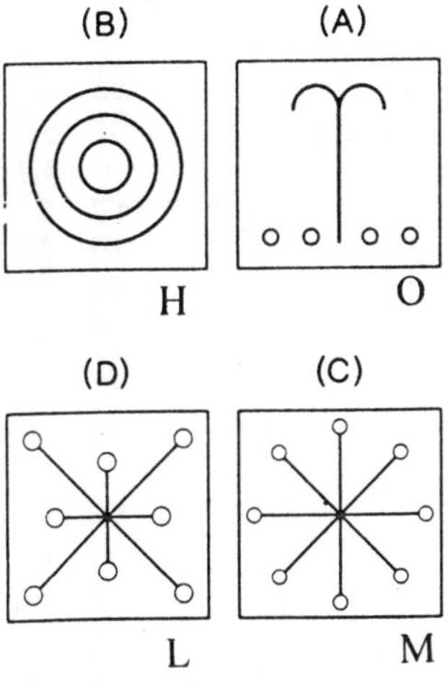

8

(A)

L

(B)

H

(C)

M

(D)

O

9

(A)

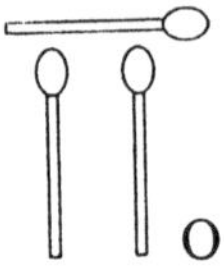

O

(B)

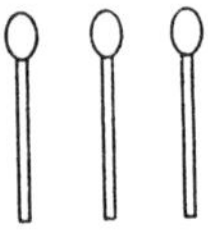

H

(C)

L

(D)

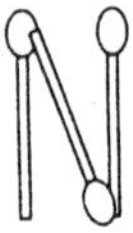

M

10　在山路轉彎的地方，正好有兩輛車子，擦身並駛，你想前方有另一輛車子開過來嗎？

A　會再來一輛車……M

B　不會有……L

C　不知道……H

D　會連續有兩輛車子過來……L

統計你答案下方的符號（L、O、H、M），並將每個符號的個數寫在圖表中，並用線連接起來。

L有（　）個
O有（　）個
H有（　）個
M有（　）個

例

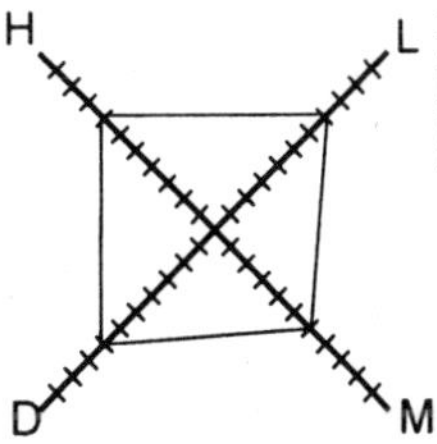

首先，L與H是要觀測你屬於文科型還是理科型；接著M跟O則是要看你較偏重於實用型還是理論型。

你的圖表中是較接近那一型的呢？

(1)文科實用型　文科型(L)的得分較高，且實用型(M)的得分較高。

(2)文科理論型　文科型(L)的得分較高，且實用型的(O)得分較高。

(3)理科實用型　理科型(H)的得分高，且實用型(M)得分也高。

(4)理科理論型　理科型(H)的得點高且理論型(O)得分也高。

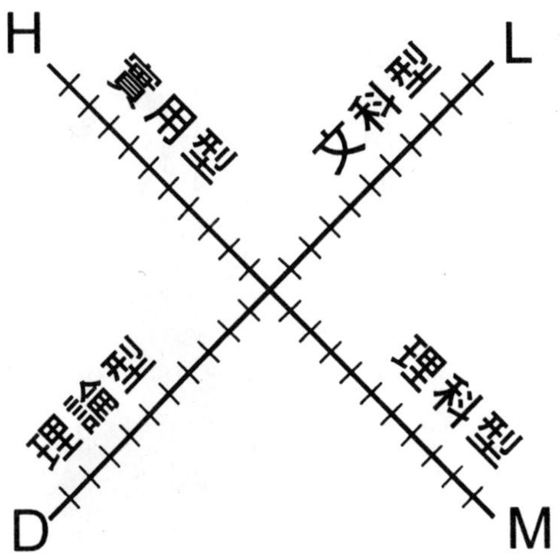

解說

❶文科實踐型

喜歡以實際行動將想像力或創造力加以應用並實踐出來，你那能將富想像且靈感充沛的天份，化為行動的個性，是最能將文科性應用到生活上的人。

❷文科理論型

你是個對於文科有高素質的人，可是僅止於思考，卻少有行動。相當喜愛思考困難的理論，或富有邏輯性的問題。

❸理科實踐型

你擅長於理性的判斷，再加上有將理科應用於工作上的才能，同時在日常生活之中，對事物能給予合理判斷的人。

❹理科理論型

你的頭腦清晰，且善於理論性的分析，但卻僅愛思考，而不喜歡應用到工作或生活中，喜歡討論事物的合理性，因此，容易被他人說是個愛辯論的人。

將「第一測驗」與「第二測驗」的結果，在下列的表格中做對照。

《計分表1》

測驗1＼測驗2	A	B	C	D	E
ㄅ	Q	Q	P	P	O
ㄆ	P	P	O	N	N
ㄇ	P	O	N	M	M
ㄈ	O	N	N	M	M

把「計點表1」的結果和「第三測驗」的結果對照於下圖中的表格，重疊的部分，就是屬於你的才能。

《計分表2》

<table>
<tr><th>計分表1＼測驗3</th><th>M</th><th>N</th><th>O</th><th>P</th><th>Q</th></tr>
<tr><td>(1)</td><td colspan="2">④</td><td rowspan="3">⑥</td><td colspan="2">⑩</td></tr>
<tr><td>(2)</td><td colspan="2">③</td><td colspan="2">⑨</td></tr>
<tr><td>(3)</td><td colspan="2">②</td><td colspan="2">⑧</td></tr>
<tr><td>(4)</td><td colspan="2">①</td><td>⑤</td><td colspan="2">⑦</td></tr>
</table>

你的潛在才能

❶學者、研究員

能深入分門別類的知識裡，並能活躍於其領域之專家群中的專家型。

對於別人所給予的課題和目標，最初也許會苦惱，但都能應用天份（想像力、創造力）來解決完成，所以多會受到長輩的重視。

但有時自己卻很感情用事，因此，容易被看成是很情緒化的人，所以，若是在以團體組織來行動的公司行號中工作的話，則要小心會被他人所孤立哦！

❷醫生、工程師

屬於行動派的人，有活躍的人際關係，因此，不喜歡整天坐辦公桌的工作，而偏愛出勤，在外面打拚的職業。同時你能在既定的領域之中，切實學會其中的知識、經驗、技術，並且實際的應用到工作上或自己的生活裡，因對事物有邏輯性的思考，而能做綜合的判斷，所以也具有企業管理者的素質，因此，管理員工的工作，對你也很適合。

❸傳播媒體、編輯、翻譯

喜歡追求踏實，又較具正統性的工作，但是太平凡、普通的工作又不能滿足的情況下，你是比較喜歡走在時代尖端與眾所注目的職業。

同時你也具有能在這類工作有所發揮的特長，因此，假使是要在公司上班的工作，也是以新聞記者、雜誌編輯、導播、播音員等傳播工作較適合於你。如果你的語言能力也不錯的話，翻譯與口譯的工作也是不錯的選擇。

❹與法律相關的外交官、政治家

在職業上、不喜歡冒險，並嚮往能受到周邊人們的尊敬，並在社會上擁有一定的地位，像是醫生、律師等，有權威，受尊重的職業。

此外，也適合於外交官或政治家等，在國與國、人與人之間進行交涉的工作，或對自己能有深度探索的研究工作，都很合適你。

❺上班族、職業婦女或公務員

在工作上，不會去追求引人注目或氣派華麗的職業，而較喜歡有固定收入的生活。在一個組織裡，不但具有協調性、且能發揮自己的能力。所以在一般的行業裡，以上班族，或對社會有貢獻且安定的公務人員，以及須有專業資格鑑定的職業較適合你，其中又以教師這份工作為最佳。

❻服務業

你對於一切事物有著良好的平衡感，對於職場的環境也都能很快就適應，所以在各行業中以服務業較為適合你。最擅長在上司的指導與同事的協助下踏實的進行工作。其實你可以過著安定沒有起伏的人生，唯一的缺點是你的個性容易遭到周圍損友的污染，而無法發揮自我的潛能，綜合起來而言，你是個有魅力的人，偶爾不妨試著冒險看看。

❼開發商品、程式設計師

你擅長在例行工作中集中精神、不斷努力下去。同時也會擬好事前的工作計劃表，並依內容逐步的進行。

你很適合能自我控制，不用打卡，在家工作的職業，若是當一個開發商品的研究人員，必定會有劃時代的新商品出現，像你這種個性的人，最後也都能從事投機事業，而且從中獨立哦！

❽廣告、宣傳

富有感受力，但不善於與他人溝通，較適合從事創作。如此一來，以你那別人所沒有、獨特的觀察眼光，必能使你的才能在工作上開花結果。雖然你有點喜新厭舊，但對於自己視為是「非此莫屬」的職業，即使是需要忍耐一段時間，也都能在不久之後，有逐漸的進步，所以在長期的工作上能得到信賴，進而事業有所發展。

❾貿易公司、銀行員、保險、旅行社

你在出社會後，是會把工作視為生命的人，在活躍於橫跨全世界商業的同時，也發現了自己生命的意義。所以為了成功，你會不斷努力，並且寧可犧牲自己的生活，也會把事業擺優先的那種典型的商業人士或女強人，你會以全世界為對象，以地球性的視野為工作的領域目標。

所以，能掌握世界性的經濟、金融情勢，因此若能在此領域裡工作，才能使你的才能發揮出來。

❿自由業、設計師、造型師

你最討厭被束縛在框框裡，不喜歡在每天固定的時間裡做固定的事，而偏好享受自由自在的快樂。最好是從事自己所喜愛的事物上。較不適合當上班族，適合依自己的才能來決定工作的成敗。

如果你對自己有得意或自信的才能時，從現在開始加以磨練，將來就可從事相關的職業，其中最適合與藝術、感性、創造力相關的工作。

Test 測驗你的憂鬱指數

在各項目中，如果「是」請打○，最後再將○的數目統計起來。

其一：知性的能力診斷

❶困難的事，都是到了不做不行時才動手的比較多。

❷有不懂的字時，不會去查字典，都是去問別人。

❸常一面看電視，一面查資料。

❹對於相同失敗的東西，會反覆操作幾遍。

❺有些話聽很多遍，仍聽不懂。

❻認為自己不太適合去思考一些困難的問題。

❼「要拚了！」可是事情卻多半沒能達成。

❽常覺得和周邊的人相比，自己的頭腦比較笨。

其二：人際關係的診斷

❶早上遇到朋友或認識的人，會先寒暄道「早安」。

❷即使討厭對方，也會面露微笑的和他談話。

❸假使有討厭的事，也會忍在心中不說出來。

❹寂寞或厭煩時，有能讓你開心暢談的好朋友。

❺伙伴都以小名稱呼自己。

❻現在與朋友因吵架而冷戰中。

❼放假時，不會自己一個人在家，會和合的來的朋友出外去玩較多。

❽和別人說話時，會看別人的眼睛。

其三：體能診斷

❶完全沒有食慾。

❷在夢裡，對於喜愛的食物、會盡情的吃。

❸晚上無法好好睡覺。

❹總是三更半夜才睡覺。

❺最近常有人問你，為什麼瘦下來了。

❻放假時，大都在家睡懶覺。

❼常發生忘了東西放在那裏或搞丟東西的情況。

❽時常忘了與他人的約定而受到指責。

其四：精神的診斷

❶最近常做恐怖的惡夢。

❷偶爾會有「今天好想翹課」的念頭。

❸看電視時會時常換頻道。

❹有時會覺得和朋友談話聊天很累。

❺時常會發出「唉！唉！」的嘆息聲。

❻最近猜測的事物老猜不準而覺得運氣太爛！

❼最近常被長輩或朋友問說：「

你怎麼了？」

❽偶爾會覺得胃痛。

你的憂鬱對策

其二：知性的能力診斷

❶○數目在3個以下：感染度20％

本來學習能力與頭腦都還算不錯，只是努力或研究的方法不對，使得實力無法發揮出來。其實只要肯做，就一定能做好，卻常因大意或腦筋用錯地方而遭失敗，若要說是挫敗而帶來憂鬱，寧可說是你休息太久啦！

❷○數目在4～6個：感染度50％

你的功課本來很好，努力的方法沒錯，可是到了最重要的時刻，卻讓心情鬆散，把注意力轉到其它方面，尤其現在心思被種種事情所吸引，而無法繼續熱衷於原先的研究或工作。

❸○數目7個以上：感染度80％以下

也許你認為目前士氣正高而努力打拚，但不知為何原因而無法順利進行，就因為找不到原因而心情煩躁、悶悶地對自己生氣，但別再焦慮了，趕緊再次踏實地工作，穩固好現有的基礎才是最重要的。

其二：人際關係的診斷

❶○數目在3個以下：感染度80％

你凡事容易往壞的方面想，同時在人際關係上也考慮了過多。所以對你而言，輕鬆交往才是最重要的一件事，如果你裝著一副嚴肅寡言的表情，對方也會如此的回應你，所以別忘了要以開朗的態度對人哦！

❷○數目4～6個：感染度50％

本來你是相當能與他人協調，人際關係很好的人，即使不愉快的事情，也會隨著時間消逝而忘記，如果你現在人際關係不太好，只要試著拿出誠意與人交往，別人也會漸漸了解你而接受你的。

❸○數目7個以上：感染度20％

你的人際關係相當積極，對誰都希望能融洽的相處，所以有廣泛的交友情況，可是因好管閒事，交往過多而發生混亂或失敗的情形，但你也不會放在心上，因為過沒多久，你就會忘得一乾二淨了！

其三：體能的診斷

❶○數目3個以下：感染度20％

你充滿活力、朝氣十足，同時擁有積極挑戰新事物的意念，只是不要過度牽強或好勝，不然，體力容易衰退。

❷○數目4～6個：感染度50％

你順其自然的生活，是個愛吃什麼就吃什麼的樂天派，體力普普通通，但如果要你立即將生活作習改正過來，可能一時之間難以適應。同時，若一向偏食的話，說不定會讓體力減退哦！

❸〇數目7個以上：感染度80％

容易覺得疲倦的你，對自己的體力沒什麼自信，你會因夏天的酷熱而體力衰退，或玩樂過多而引起莫名的疾病，不然，就是發生原因不明的胃痛。總之，最重要的還是好好加強你基本的體力吧！

其四：精神的診斷

❶〇數目2個以下：感染度20％

有著堅強的意志力，對於稍有困難，令人厭煩的工作也都能很有耐心的去完成。對於別人不想去碰的事，你也都會以開朗的態度去面對、去努力，是個想法樂觀的人。

❷〇數目3～6個：感染度50％

一般大眾型，在精神上有虛弱的地方，也有堅強的地方。在對於環境習慣後能表現出很強的能耐，但有時也會有迷惑或喪失自信的情況發生，還好你都能做適當的抒發，是屬於順應型的人。

❸〇數目7個以上：感染度80％

對事物容易耿耿於懷，屬於負面思考的人，是個天生勞碌命，只要一些些失敗就會喪失自信，而且不太會抒發壓力。如果沒有試著讓自己更樂觀開朗的話，可能會發生不去上學、拒絕與社會接觸的危險哦！

第3章　依日常生活來探討深層的心理

長相與心理不可思議的關係

逃亡了十五年，但女服務生仍在「法律時效」之前因殺人罪嫌而被捕，在這期間除了不斷變換髮型，並前後改了五次姓名好方便逃亡之外，她更因整型二遍的關係，幾乎變得像另一個人，而過著無憂慮的生活。

當犯人在逃亡時，總想成為「另一個人」來行動，這是人之常情。除了使用一般偽造姓名或改變服裝等，普通手法之外，同時也想接受整型來改變自己的形貌，使自己變成另一個人，才能讓自己更加安心。

以她的情況而言，聽說在逃亡初期她便整型了眼睛與鼻子的部分，可能因此而擺脫殺人罪嫌「通緝犯」的追捕，以快樂的心情去唱卡啦ＯＫ，或成為糕餅店老板的情婦等等判若Ｔ兩人的生活，像這樣因整型而改變容貌，人的心態就能因此而大變化。

即使整型長相也不會變

她因為容貌已變得像別人而有了安全感，使得她本來就愛出風頭、愛漂亮的個性，更是強烈的表現出來，所以粧也就畫得更濃豔了。當她被逮捕的那天，指甲是塗大紅色，而腳上是穿著黑色的高跟鞋。

可是更奇怪的是，雖然整型過二次，但逮捕時的臉孔竟給人與犯案當時的長相有著極雷同的印象。為何靠整型變成別人的臉孔，但不久卻又像回了自己原本的長相？

這是因為，在整型後十年、二十年的歲月裡，即使臉上的眼睛、鼻子、下巴的形貌改變了，但如果人的性格或體質沒有改變的話，長相就會再接近回原本的模樣。

尤其眼睛與嘴邊的表情，很容易就變回原來的模樣，雖然整型可以改變容貌，但不是連眼睛的瞳孔也都能整型的，同時瞳孔與大腦的活動有著密切的關係，所以即使割成雙眼皮，或改變眼皮的肥厚，眼珠子的轉動與神情，是不會改變的，所以由眼神所給人的印象，十五年前和被逮捕時都沒什麼改變。

另一種和十五年前的臉沒什麼變的是嘴的表情，即使嘴唇的形狀與周邊肉的厚薄有改變，但若將嘴閉成一字型，或觀察說話時的表情，會發現和原先一樣。人在說話習慣與動作經過十五年後也不會有大變化，因此兇嫌福田，一面照鏡子看著整型的自己，一面高興自己已變成「另一個人」；不會有人知道她從前的身份時，自己化粧的動作和以往一模一樣，畫眉毛時雖然濃淡有差，但仍和以前一樣偏愛畫一字眉。對於在已像另一個人的臉孔上，仍進行著自己所喜愛並和以前相同的化粧方法。同時，在大笑或唱歌時嘴形也無法改變。

以為已成了整型美人，其實和原來的自已沒有差別！

然而更有趣的是，她那寬大的額頭，即使偶爾用髮型遮蓋起來，但也幾乎沒改變，因為在自己所有的特徵中，會無意識的對擁有自信或喜愛的部分加以保留，不想改變。

依照片上的臉孔，看起來是靜止的「型態」，其實是反應全身「變動的型態」。所以昔日伙伴看到整型後的她，自然能在談話時目光的接觸裡，無意識地能認出是「她」來。

第一位通報的男性，說她的聲音和口氣與以前完全一樣，而另一位女性在看到嫌犯的側臉時，不禁感到「

不寒而慄」。所以以為整形後不再會被人認出的自己，仍可依聲音或側臉而被視破。

人的長相，乍看之下像是「玩偶的臉」一般地固定，可是，「相」其實卻時時刻刻反映著內心的動念與身體的狀況。

我們表面所呈現的種種特徵，其實是受如：潛在於內心的狀況，心裡的煩惱，過去的體驗等等，各種因素的影響，就如同山川是受地球內部的火山運動，地核變動等的塑造而形成現在的形態一樣。臉的形貌也是受內在的影響。

這意味著即使外在的地形改變了，只要內部的構成沒變，不久便會又恢復到原來的形態。

你不了解自己的臉孔

請你仔細觀察林肯照片①中的臉孔，這就是我們最常見的臉，可是若將照片左右反面來看就成了照片②，也就是將照片的反面（複片）再印出來，就會像②的模樣。

若將①和②做比較的話，是否給人不同的感受呢？照片①中，溫和有誠意，好人般的臉孔，而照片②則是稍稍嚴肅，又給人像壞人般印象。而這只是將照片翻面，沒想到竟給人如此不同的感受。

日常生活裡，我們看鏡子時正好是看到自己相反的臉，就像是②中的臉孔。讓我們仔細思考一下，看鏡子的情況時，會奇妙的發現，我們所看到的，很少是陰險壞人的臉孔，因此

①

②

，我們看到的長相比實際上的要英俊些。所以到理髮廳剪完頭髮之後的男性，看鏡子會感到不太滿意的原因，其實都是鏡子在惡作劇。

可是有時看鏡子覺得很好看，但實際上卻沒有那麼地魅力，例如，年輕女性換了以為很不錯的新髮型或戴了自己很喜歡的帽子，而沾沾自喜時，周圍的人卻覺得不能協調，有怪怪的感覺發生。尤其是讓瀏海垂在額頭上，或是全部都往上梳的女性，如此的例子還真不少！

無論如何，在鏡中所看到自己的臉，和別人看到自己的臉其印象是全然不同的，因此各位想想看，如果我

們都像②中臉孔，但卻想裝扮出有威嚴的風采出來，是否讓人覺得可笑呢？

像這樣印象的變化，是因為我們的臉孔並非左右對稱所引起的，如果右半邊的臉和左半邊的臉都完全對稱的話，我們在鏡中看到的面孔就會和別人看到的一樣，同時，林肯照片①和②也都會給人相同的印象才對。

③

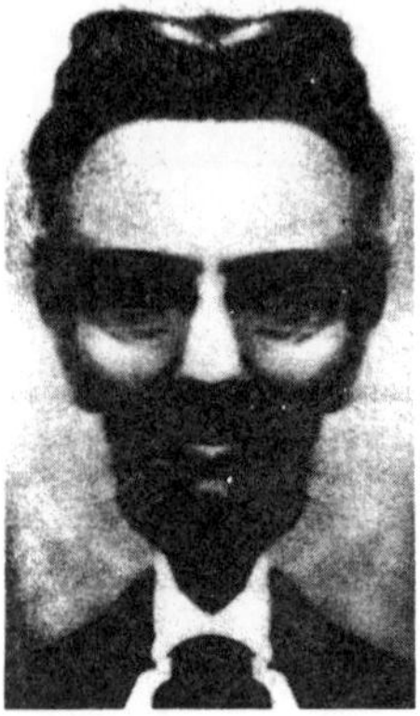
④

成為另一個人的實驗

接下來我們來做個有趣的實驗，起先，我們用林肯右邊的臉來合成照片，將照片裡臉的中心部分，放立一面鏡子照著右半邊的臉，如此，就能看到左右相同的臉，結果就是以右臉合成的照片③。再以相同方法，用左半邊臉合成的結果，就會像照片④中的樣子。

你看照片③和④中的臉孔判若兩

人，同時其差距也較①和②的差別大，雖然③和①中的臉孔很相似，可是與④中的臉孔卻完全不同。②的臉孔給人強烈和善的印象，但④的臉孔卻更像壞人。

奧地利的心理學家W．渥爾夫，專門以心理學的角度來研究像這樣的臉孔之謎。接下來介紹他在一九三〇年所發表稱為「容貌表情的心理分析」的研究內容。

渥爾夫將這類照片給許多人看，再問：「你喜歡那一邊」或「那一邊像你自己的臉孔」。結果大多數的人會將右半邊的臉判定為「好人的臉」，左半邊的臉判定為「壞人的臉」。

不對稱是人類才有的特徵

像這樣左右邊的臉各別合成的結果有差異，是因人的臉孔沒有左右對稱所造成的。由於右邊臉與左邊臉的形象不同，所以合成的差距也就更明確。

其實臉孔不對稱是人類才有的特徵，若將猴子或黑猩猩的臉孔的各左

右邊拿去合成的照片做比較檢查的話，會發現合成照片多半一樣。以人的立場而言，七、八歲小孩的臉也和猩猩一樣能左右對稱。可是隨著年齡的增加，卻發現左右兩邊的臉開始左右對稱不起來了。有位學者認為其理由是因為下顎和牙齒左右兩邊發育不平均的關係。而前面所提到的渥爾夫認為，前面所述的並非是因牙齒或下顎的發育不齊所引起，而是因人臉部的表情、動作所影響的關係。

面孔的深層心理分析

我們看臉孔時，多半會對臉孔產生種種心理上的聯想。(A)臉上額頭的部分（圖①(A)）和「知性」、「靈感」有著密切的關係。讓人容易聯想到額頭後面的大腦像是「腦筋很好」等。或認為她少女時代沒吃過什麼苦，是在和諧且富裕的家庭環境中長大的。因此不論那個時代，在額頭寬大的女性總是較有名氣的原則下，古今女演員或女明星的共通特點，便是都有個寬闊的額頭。

像紅白大對抗當中擔任主持人的松高子，其受歡迎的原因，就在於她額頭很寬。

(B)的部分是指耳朵與眼睛，這用來看與聽的部位與人的「反應」「情感」「親和力」有著密切的關係。「

眼睛為靈魂之窗」說的一點都沒錯。大眼睛與瞳孔有神的人，會給人心地純潔，且有親和力的印象。

(C)的部分和(A)(B)的部位不同，因「鼻」和「口」是用來進食，說話或呼吸等與「活力」「生命力」有關的部位。所以大鼻子、大嘴巴的人容易使人聯想其有充沛的活力。

圖①

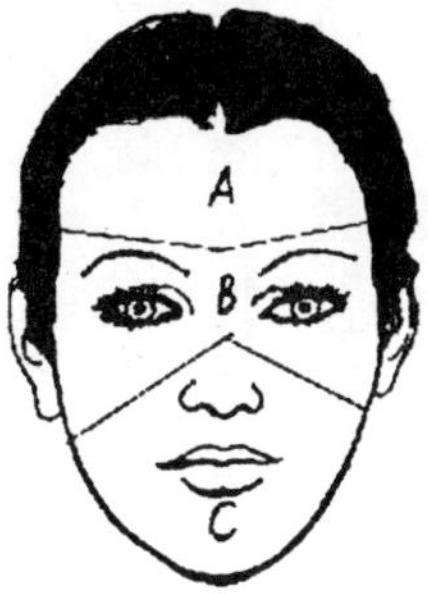

圖②

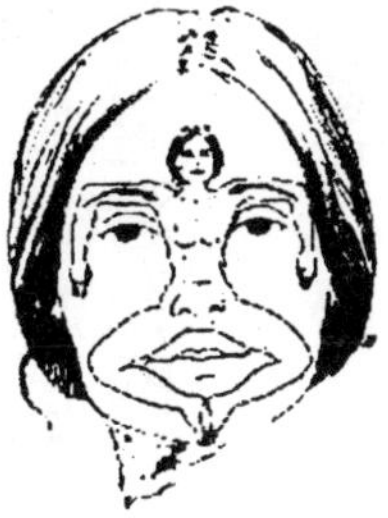

FIGURE36. BODY WITHIN THE FACE

「The Body Reveals」

像這般，依臉的三部分來做心理聯想的方法，其實可以聯想女性身體看不見的部位。和臉結合起來而引出「臉與全身」的聯想。圖②的臉就是與女性身體結合的情形。額的部分是「頭」，眼睛和眉毛的部分是兩手張大的姿式。鼻子與口代表女性的下半身與生殖器等等的聯想。所以，我們依臉的第一印象來判斷為人的品格或對本人產生好感，其實都是受臉三部位之心理聯想所影響。

每晚所作的夢能表達潛在的心理

每人每天都會作夢

夢是誰都會作的——最近的科學研究中，這事實已得到明確的證實。任何人每晚都會作夢。

由芝加哥大學、哈佛大學，蒙多西耐醫院，渥大利特研究所及其他許多研究所，所證明的事實，究竟是以何種方式來驗證的呢？

起先，志願者在每晚睡覺時會接受監視、觀察其心跳、腦波、眼球和身體的運動，及呼吸等等的測量，直到身體出現某種反應時，才會叫醒實驗者，且問他「是不是在作夢」而無論在何種情況下，實驗者總是回答：「是啊！」就連實驗前，自己堅決不作夢的人，答案也是相同的。

同時，由這些科學研究顯示，人們一個晚上不只作一個夢，實際上大約會作將近十個夢，不可能少於三個以下。大約入睡一小時後開始作夢，睡眠的時間有二十%是在作夢，夢與夢的間隔約九十分鐘，作一次夢的時間約十～三十秒，而且隨夜裡越來越晚，作夢的時間也會跟著拉長。

並且發現，天生口耳殘障的人。出生八個月後的嬰兒與精神分裂的病患都會作夢，而且弱智者與高智商的人一樣也都會作夢。

說不定你能很完整、鮮明地記下整個夢，或像大部分的人一樣，只能記得夢的一部分而已，再不然就像其他人一樣把夢全都忘了。但無論記得什麼內容或全忘了，都不能否定下面所說的事實。

不管你是誰或在那裡、為人如何，你都會作夢。

會影響夢境的是什麼

經科學證實，作夢就像呼吸一般，對任何人而言都是再自然不過的事情。

即沒有引發作夢的方式，也沒有阻礙的方法。（服藥或適度飲酒的情況，則是另當別論）

就算睡前吃飽飯，也不會是使你

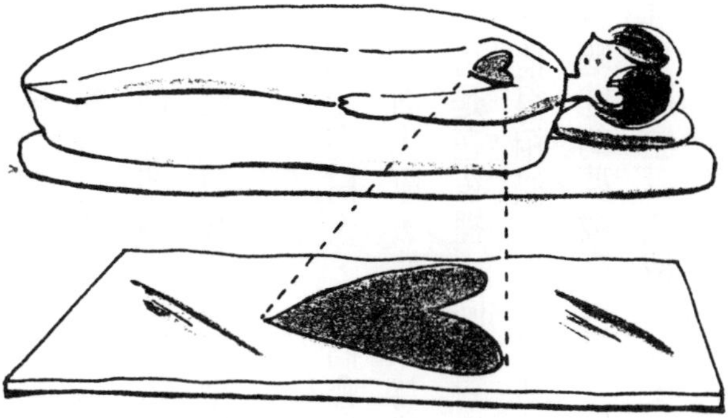

夢是反映心靈的鏡子

作夢的原因，另外，像閱讀令人興奮的小說，泡熱水澡或夫妻吵架等，都不會成為當天晚上你作的夢。

可是白天的行為思考與感受，晚上可能會反映在你的夢裡，這才是夢所正確表達的東西。

若夢境真能傳達心靈、情感的反映，那夢則是一面反應你看不見的部分的鏡子。

用象徵來表達

夢是你秘密、自律的鏡子，但反映出來的情感與想法，卻沒辦法讓人很簡易地猜出。

因為夢境不會明白說出其意思，其訊息大部分是以視覺的形態表現，也就是以圖畫之象徵來表示。

當我們醒著時，是以語言來表達我們的想法，但在夢中則是以〈看〉來表示。

例如，在白天，我們會批評某人「他實在討人厭，他的作為讓人覺得噁心」可是在夜裡，同樣對那個人——或和他很相似——在說話時，會以生病或嘔吐的夢境來表示。

其實將語言或情感以象徵來表達，並非如你所想的那樣稀罕或不可思議。然而我們醒來時常常以象徵來作為一種精神上的（有時是情感的）速記法。

例如，就日本人而言，烏鴉是死或幸運、長壽的象徵。或像毒藥瓶罐上的骷髏頭，是任何人都能馬上了解的象徵，而且也表示著一個以上的意思（死亡、危險、注意，該放在小孩拿不到的地方）。以上例子便是將象徵使用於言語或情感的方法。所以並非什麼稀奇或不可思議之事。

夢境只向你傳達

如果夢是以簡化或理解性的方式呈現的話，要解釋夢境的意義可能就容易多了。但是，夢是由你內心非常情緒化且原始的領域所發展出來的。那裡有你深藏的矛盾、恐懼或慾求不滿的情感，所以夢境中的思考和情感都是不明確且非理性的。

夢的解釋是因我們內心複雜，所以才不簡單。

當我們清醒時，總是以理智將情感約束在社會規範或道德禮教下。但在睡眠時卻能自由地表現出白天所不能做的想法。

然而就像小孩或原始人那樣，把語言轉換成以視覺性的象徵來表達。忘掉理論而將自身的感受誠實地以象徵呈現。

如此一來，象徵也就成了夢的語言，但須牢記的是，就像沒有人會長得一模一樣的道理一樣，夢境的象徵也不可能全然雷同，夢中的象徵是屬於你個人的語言，只有你會說，也只有你能了解，因此，沒有任何事能正確解釋，只有你自己才會解答。

也就是你要試著探索自己，察視過去，才能了解夢本來的意思。

試著解讀你的夢

雖然，二人之間夢的象徵不可能全然雷同，但我們也擁有多數人共通的想法與情感。所以，為了要表達出常用的象徵意義，本書將介紹由數千個夢境中，已經證實有共通意義的象徵。但在此之前，請各位先學習解釋夢境的基本判斷。

夢境的基本判斷

❶做夢的場所、背景如何——由整體上是明亮或陰暗來判斷心情。

❷出現夢中的是誰——依照出現的是自己或他人來判斷自我人際關係的態度。

❸做什麼樣的動作——是猜測心底的渴望或慾求不滿的線索。

❹被展現的商品或小事物——小道具。夢中所出現的小道具，是了解個人心中之障礙或煩惱的線索。

❺作夢的感受——依自己不舒服或愉快的感受來判斷，夢所要預告的是否要叫人懷有警戒之心。

夢之一　遇到劫機、乘客遭殺害的夢

夢的關鍵語

A搭飛機——很多人都有過在空中飛行或搭乘飛機的夢。這是人們在日常生活中想自由活動，自在奔放之潛在意念的象徵，這暗示著想自由行動卻不能如意。

B殺人魔——有時與自己無關的事物會突然出現在夢中，「殺人魔」則是象徵阻礙你心中「自由活動」的因素。而表示嚮往自由的心情。

C刀子——「性」的表徵，使自己更強大的「武器」。內向的人若想要自己更強悍便會作手拿刀子的夢，同時，對女性而言，這象徵討厭的「男人」，或對男性的不安與嚮往。

D乘客——自己周圍的人，象徵著會保衛自己，或妨礙自己與自己競爭的對手。

E殺人、被殺——在夢中，平時不可能做到的事都可能達成。「殺人」是意謂著「消滅」「抹除掉」的願望。

解說

從小便追求自由，希望能「到處活動」「想有與眾不同的行為」（天空飛翔）等等，嚮往是個能力強的人，可是周邊常有妨礙自己的人（乘客），心想若沒這些阻礙該多好（殺人魔殺乘客）。而且表示著不想輸人的心情，當有可能會被甩掉的象徵「自己被殺害」出現時，也就由夢中醒了過來。

夢之二

和外國男子在一起時，被捲入一場槍殺事件中

夢的關鍵語

Ⓐ外國人——象徵著「瀟灑的男性」「能使自己如願以償的人」。

Ⓑ射擊——性的象徵。性意識的萌芽。

Ⓒ母親——潛在的道德感，可節制自我行動。

解說

夢很少是全然呈現現實中會發生的事情，其多半是心中的願望或不安、不滿足的心情所編造出來的故事。而這種夢多半是性意識的萌芽，或想戀愛的一種表現。

和意想不到的男性（外國人）認識，但自己的情感搖擺不定（開槍事件），由於在「不能這樣」的心態下，行動就會叫停，這表示對男性消極的態度，而「需要告訴母親」的心態，在夢中是以「事件發生」來表達。

此夢是表現於男性的愛慕感到不安，沒有自信的象徵。

夢之三　別人送的皮包搞丟了

我們在夢中常會感覺像在現實世界裡，或在現實中會覺得像在作夢，尤其當天快亮時，夢的意象會特別強烈。其實夢有時是自己內心發出的警訊，提醒自己非煞車不可了。

夢的關鍵語

A手提包——「工作」、「非做不可的使命感」。

B被贈送過很多的包包——工作很多或想做的事很多。

C遺失皮包——害怕失業的不安。

D到處尋找——「努力」「不安」的象徵。

解說

經常在腦海裡想著「工作」的事，雖信心十足，有達成工作的宏願，但心中乃感不安，這是在期許自己成功，順利完成工作的同時，害怕失敗了會被大伙輕視等等，混在一起的不安情緒。因為工作意識很高，所以無法安定下來，總是忙著想向新事物挑戰。

⊙專 欄⊙

對嬰兒的關愛與嬰兒的個性

依尋親近嬰兒那一部位，可判斷做父母的心情。

摸「頭」，是支配慾的表現，會想統馭小孩的想法，在此心態下會頑固地堅持自己的管教方針。

摸「鼻子」，是很期待小孩成長的表現。

摸「臉頰」，心中充滿了愛心，一切都以嬰兒為中心，其它的事情可以都不管。

如果，馬上就把嬰兒抱得「好高，好高」的人，會顧慮孩子的一切，經常為小孩操心。相當地疼愛孩子，但需注意會有「過度干預」的嫌疑。

同時觀察平時嬰兒手的模樣是如何？

如果是手掌張開而大拇指彎曲的話，則表示嬰兒充滿了活力。

如果指頭全部張開的話，則表示嬰兒的個性開朗、活潑但稍嫌沒耐性。

如果把拇指夾在中間，緊握拳頭的話，則表示其相當固執，一旦下定決心完成的事，就不會作改變。

除此之外，換尿布時兩腳不停擺動的嬰兒，活力十足，可能會是個不易安靜下來的小孩。但若遇上不開心的事也不會受挫折，是個有毅力的人。

第4章 了解男孩隱藏的心思

了解男孩測驗／行動

❶打電話給他時，他的口氣如何？

a、相當健談，有時只是他一直講，而你成了聽眾。

b、或是他成了聽眾，長時間沈默或隨便回應。

c、二人都有說話，可是他容易插嘴。

❷二人喝酒時，他若喝醉了會變怎樣。

a、比平常愛說話、愛笑。

b、比平常安靜，不多話只是靜靜的聽。

c、動作比往常粗暴，有時二人會吵架。

d、酒量差，會睡著。

❸進入咖啡店，當你先點了咖啡時，他的態度如何？

a、「我……」、「我和她一樣」。

b、「咖啡」、「再一杯」。

c、點別的。

❹乘坐電車時，他喜歡坐的位置

a、A的位置

b、B的位置

c、C的位置

d、D的位置

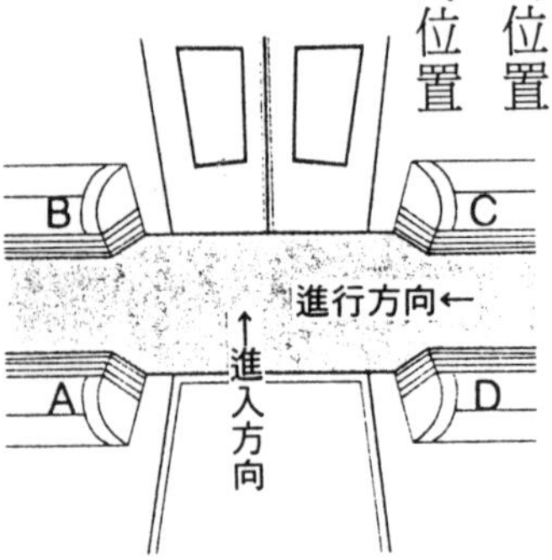

❺兩人一起搭乘電車時，兩人坐下來的位置會如何呢？

a、他坐在你右邊的座位。

b、他坐在你左邊的座位。

c、你坐著而他站在你的前面。

d、兩個人一起站著。

❻如果你約會遲到了，他通常會以怎樣的姿態等你？

a、手壓在嘴上。

b、手臂抱在胸前

c、一手按在另一隻臂上。

d、兩雙手臂垂放著。

❼他是如何熄掉煙蒂上的火？

a、將仍有火苗的煙蒂，直接丟進煙灰缸。

b、用力壓在煙灰缸上。

c、觀察好幾次熄火了沒有，或澆上水。

d、在煙灰缸上輕輕的壓。

❽和大伙到卡拉ＯＫ唱歌時，他的態度如何？

a、搶第一，馬上就唱。

b、第二位唱。

c、沒被點名就不會唱。

d、找藉口不唱。

❾在比較擁擠的電車裡，身上的行動電話響了，他的反應會如何？

a、留給電話錄音作記錄。

b、馬上接聽。

c、會接聽，但是告訴對方等一會再「打給你」。

d在上電車時已關機，所以電話不會響起。

❿你所常見他的睡姿為何？

a、趴著睡。

b、直挺挺仰著睡。

c、手、腳伸直，呈大字型。

d、橫著側臥。

測驗1的診斷

❶a的他，很熱情，戀愛時會因此沖昏頭，為了使對方更了解自己而變得更多話。

b的他，是個較內向、客氣的人，容易動搖而無法明白地表現自己的意見，但愛你的心卻始終不變。

c的他，是個較以自我為中心的人，而有「一切都如我所料」的心態，有自命不凡的傾向。

❷a的他，是個規矩且有禮貌的人，對女性也是非常誠實。

b的他，總是自信滿滿，可是面對與你的戀情仍然沒有把握，因他老是覺得沒法了解情人的心思。

c的他，因心中有話想對你說，卻因說不出口而內心焦慮不安。

d的他，許多事情都能顧慮周到而且溫柔體貼、會非常重視情人的想法。

❸a的他，個性坦率，不太容易讓人信賴，但是對於情人的心情卻很敏感，並且是會細心照顧與體貼的人。

b的他，關於一切事物都會區分清楚，對於事情也都會全力以赴，有強烈保護戀人的心態。

c的他，自我本位很強，容易讓人覺得冷漠，但面對重要的關鍵時刻卻是個可以依靠，穩定的人。

❹a的他，不太善於表達自己的心情，容易讓女性感到焦慮。

b的他，個性溫和，是個情感濃密且溫柔的人。

c的他，個性乾脆，但不喜歡被女孩子黏著，容易讓女生感到寂寞。

d的他，是個樂天派而且認真努力，尤其被女性所依靠後會更加地努力奮鬥。

❺a的他，會有強烈想帶領或保護女性的心態。

b的他，十足被戀人給迷住了，即使情人無理的任性，他也都會乖乖地順從。

c的他，很愛他的情人，但卻稍微專制，且對女性的心思稍過遲鈍。

d的他，不知是已想沈浸於二人世界或僅是普通朋友的階段而已。

❻a的他，正熱衷於戀情裡，但對於情人的態度仍會感到不安。

b的他，是個相當頑固的人，總想要領導女性，但出人意料的有一顆單純的心。

c的他，溫柔且有耐性，但很依

賴人，凡事總依賴女性。

d的他，是個公正不阿的人，尤其討厭別人不遵守約定。

❼a的他，稍嫌懶散且以自我為中心。有時說要負責的事，會全部賴皮掉。

b的他，很熱情，對什麼事都很熱心，但支配慾很強，容易讓女性感到疲累。

c的他，神經質又勞碌命，吵架後會一直耿耿於懷。

d的他，個性溫和且仁慈，多少讓人覺得不夠堅強。

❽a的他，是個粗線條又專制的人，但對心愛的女人會全心奉獻且十分純情的人。

b的他，總是自信滿滿，但對自己不利時就會逃開，對女性有時會較冷淡。

c的他，很好強，當被自己所喜愛的女性讚美時就容易得意忘形。

d的他，在確信自己不會被甩之前，是絕不會告白示愛的。

❾a的他，也許還沒發現自己仍很任性、很孩子氣的一面。

b的他，容易一下子被戀情沖昏了頭，但可惜只有三分鐘熱度，很快就冷卻掉了。

C的他，只有在獨處時會溫柔體貼，若是有朋友的場合，便會裝得很大男人！

d的他，很懂得照顧情人，吵架時也不會出手傷人。

⑩a的他，是個怕寂寞的人，很希望戀人能扮演母親的角色。

b的他，是誠實的人，不但不會拒絕他人託付之事，且會確實達成。

c的他，是個樂天派而且很會照顧人，有時會冷落了情人而去照顧後生晚輩。

d的他，總是考慮周詳而讓人值得信賴，但對情人卻稍嫌冷淡，也使女性感到寂寞。

★在以下得分表中合計出總分，再與測驗二、三的結果合起來做綜合判斷。

a	c	d	a	
	3	1	4	①
2	4	1	3	②
	2	4	3	③
4	2	3	1	④
1	4	2	3	⑤
2	1	4	3	⑥
2	1	3	4	⑦
1	2	3	4	⑧
2	1	4	3	⑨
2	4	3	1	⑩

了解男孩的測驗2 心理

❶在擁擠的電車中，他若被人踩到腳了，你覺得他會罵對方嗎？

YES　NO

❷買鞋子時，他會貨比三家嗎？

YES　NO

❸他在做旅行或烤肉計劃時，總是沒考慮到下雨天該如何是好。

YES　NO

❹有新計劃時他會馬上參與行動嗎？

YES　NO

❺早晨在路上碰到朋友時，他會搶先道「早安」嗎？

YES　NO

❻電視節目很有趣時，他會放聲大笑嗎？

YES　NO

❼玩賭博遊戲時輸了，他會一整天都不開心嗎？

YES　NO

❽他會很偏食嗎？

YES　NO

❾開車時若有人超車他會生氣嗎？

YES　NO

❿和你約會時他會經常打行動電話嗎？

YES　NO

★YES的數目有幾個，一個代表一分，請合計出分數。

測驗2的診斷

❶腳被人踩到而感到疼痛，對任何人來說，都是不愉快的經驗，大都的人會生氣，但在這麼擁擠的情況下，面對面地很難開口罵人。所以，這種人容易發怒並會將內心的情緒表現在行動上。

❷一旦確定了目標會堅強且積極地克服障礙，或繞遠路來達成目標，不會輕易妥協，這樣的心態在小事情上也都表露無遺，鞋子是每天都要穿的重要工具，所以有些人在買鞋時不會輕易妥協。

❸在預測未來時，有些人會作正面的猜想，有些人則作負面的展望。預測正面的人，能以開朗的態度面對未來積極行動；預測負面的人，則會先作好萬全準備，是個較謹慎的人。

❹新計劃，能讓人預想從前沒經歷過的快樂事情，同時可能也會有未知的事故發生，所以想積極參與新計劃的人，能克服內心不安、往勝利前進。但也較草率、輕浮，不夠注意危險。

❺人際關係的第一步便在於寒暄，會積極向他人問好的人，表示不怕對方，有想與他人交往的意願。容易與他人相處，也重視人事的和諧，注意與他人相處的融洽，但有時會過於介意周遭旁人的眼光。

❻笑是一種表現情感的方式，會因快樂就大笑，傷心就哭的人，是不會掩飾內心的感受的，他不但會坦白的表達他自己，和他在一塊的人也能以最直接的方式表現自我，所以這種人善於社交，但若過於直接地表露情感，則易使周圍的朋友敬而遠之。

❼現實社會中的一切總脫離不了競爭，想在競爭中贏得勝利是人之常情。若是一開始就想放棄的人，在人際關係也多是採消極的態度。而若是好競爭的人，多半也都積極地經營人際關係，但若過於重視競爭，反而會破壞了人際關係。

❽小孩因缺乏對食物的了解與關於營養的知識而偏食，其實是在所難免的，但若長大了仍偏食，則可說是個孩子氣且以自我為中心的人，也許有人會反駁說，本來就該明確地表達自己的主張，但是，這種人卻是沒有好好照料自己的身體。

❾在開車途中，有人超車，在剛才什麼都沒有的視野中忽然遭到他人的侵入。有些人無法接受這種狀況而感到不愉快，因此產生了「我輸了」的心理，在不干示弱下會想反敗為勝地趕過的人，雖說積極且感情坦率，但卻容易忽視社會的原則而以自我為本位。

❿可說是個對事事皆關心且多才多藝的人，在人際關係上也很積極，同時以這樣的自己為傲，但對眼前情人的情緒，反應卻較遲頓，在日常生活中可能都是以這樣的態度相對，所以多半被批評是「虎頭蛇尾」的人。

了解男孩的測驗 3 價值觀

❶他對父母的重視會讓你感到有「戀母情結」的程度嗎？

YES　　NO

❷他會厭惡女生抽煙嗎？

YES　　NO

❸他常說「女人不該……」嗎？

YES　　NO

❹你從未聽別人說過他愛「拈花惹草」等壞話？

YES　　NO

❺你認為他若知道你與他人約會時，會絕不原諒你嗎？

YES　　NO

❻如果他的好友想誘惑你時，你覺得她會與他絕交嗎？

YES　　NO

❼加班和約會同時的話，他會選擇加班嗎？

YES　　NO

❽他是否常把「好忙、好忙」掛在嘴上，但臉上的表情卻很快樂？

YES　　NO

❾買東西的發票，他都帶回家？

YES　　NO

❿他會嫌棄那些口無遮攔的女演員嗎？

YES　　NO

★合計YES的數目，一代表一分，請計算出總分。

測驗3的診斷

❶也許自主性不夠，仍很依賴父母、或有「務必事親」觀念的人，在現在年輕人中，已很少見會重視傳統的價值觀的人，無論如何會對婚後的愛人要求要盡「媳婦」和「妻子」的責任。

❷在不久之前吸煙的女性不多，才會被認為「男人抽煙，女人也跟著抽，太不像女生」而沒有什麼好評，但香煙本來就只是個人嗜好，無關性別，但他卻認為「女人應該如何、如何」才行。

❸「○○不應該」這句話是將對方框在○○的範圍中，不准許對方走出來而使用的語言，其中含有相當的攻擊意味，習慣說「女人不該……」的他，對女性是有攻擊性的，而這也是對女性所期待的一種反射，反應出對他的女人的依賴。

❹在外拈花惹草是背叛二人的關係，而他是不會背叛心愛的人與信賴自己的朋友，有著很切實為人的原則，而你也無需鑽牛角尖的去猜是因為

他「膽小」，其實就算他膽子大也不會亂來的。

❺外遇是背叛彼此信賴關係的行為，他當然會很生氣而不原諒妳，雖說如此，若是過去他原諒過妳，那今後仍會原諒妳，但由此可見妳在他心中的地位有較上或較下的差異，而不是與他對等的伙伴。

❻在情人與朋友間做抉擇，自古就是個難題，像以往小說情節一般，總在兩者間徘徊，永遠沒有答案。若是以女性的角度來看，多半希望能選擇情人，但男人若選擇了友情，則表示在社交上很熱絡的他，可能會忽略了另一半，而使妳心生孤寂，卻沒能察覺妳的心情。

❼在工作與愛情間做選擇，也是個大難題，以女性的立場而言，總盼他能選擇愛情，但他若選擇了工作，則表示婚後的他仍會熱衷於工作，而你則會是那個守門等待的人，也許他會說這是因為對家庭的責任感，才會使他如此打拚。

同時顧及到收入問題，妳可能也會接受，但淒怨的心情仍是存在。

❽若他的筆記本寫著滿滿的預定

計劃都是關於工作與玩樂事項的話，可見得他生活的意義，便是以十足精力去完成所有的計畫。如此每天能使自己充滿信心，人際關係更加穩固且擁有廣大的人脈。

但相對的，花在妳身上的心思可能就減少許多，若是所謂「上鈎的魚就不用餵餌」的話，那就慘了。

❾依帳單的處理方式便可以看出他的金錢觀，錢財是人人都想擁有的東西，但卻也能使人心丕變，關係扭曲，有著破壞的潛質，若想好好珍惜愛情或友情的話，則需提防金錢的魔力。如果答案為ＹＥＳ，他則是能充分了解金錢恐怖所在的人，當然也就曉得要珍惜愛情與友情了。

❿在電視螢幕上出現的演員，其實正代表著各種不同性格，活像是個性格大觀園。如果他對口無遮攔的女演員多加責難的話，可視為是對現實生活中女強人的批判，表示他沒法接受女性領導男性的情形。

他的綜合評價？

將測驗１、２、３的結果整理於下圖中，
他的性格便可一目瞭然。

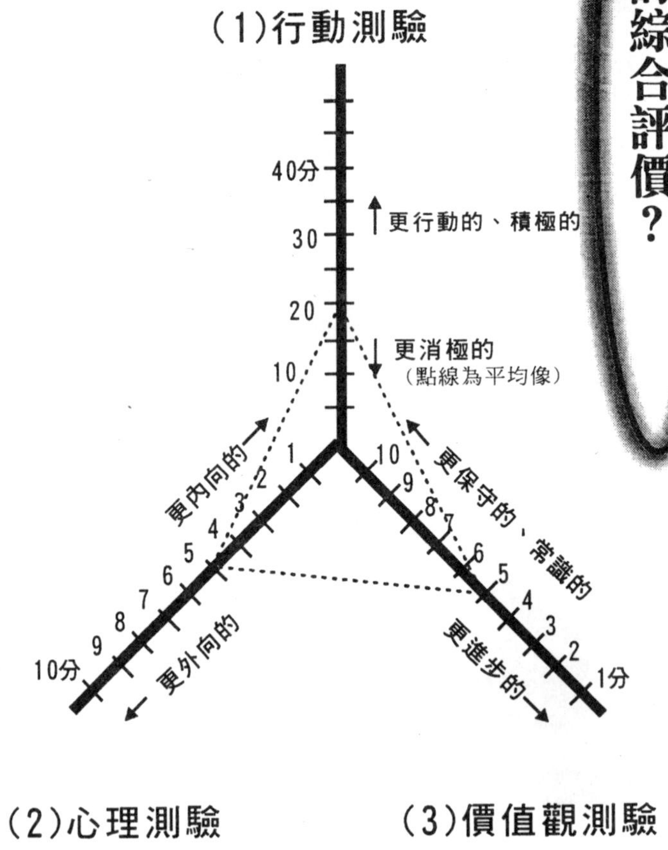

⊙ 專　欄 ⊙

以掌握秘書的心理為先

擁有四十年以上銷售經驗，美國推銷高手之一的波特·修萊因，在他的著作中寫著：在和董事長或重要人士面談之前，若沒讓居中傳遞訊息的秘書或接待小姐獲得好感的話，想進一步商談的機會也許就沒了。

在美國有位打字機推銷員說過，有一次他想把公司的新產品推銷給一家一流的公司，而要求與董事長會面，可是出來應對的秘書卻說董事長到外地出差去了。但他沒有因此而打退堂鼓，反而向秘書說：「請試用這種打字機，這是我們公司的新產品，請務必捧場。」

秘書見了全新的打字機，興奮的像個孩子，開始試著使用，而他也花了三十分鐘，努力解說其功能後才回去。

幾天後，他又到那公司，在那位秘書熱誠的接待下，順利的拜會董事長，商談中說到打字機的功能時，他對董事長說：「請詢問秘書，便能了解其好用之處。」於是便請秘書進來解說，由她來代表宣傳。

最後的結果是，他接到了大批打字機的訂購。

「開始戀愛的原因」——愛情引導法則

為什麼會喜歡對方呢?

有時與對方初見面，便會砰然心動，有著「很喜歡」的直覺。

最常見的是，雖是初次見面但卻不覺得陌生。初見面的男女時常覺得「過去好像見過這個人……」，在心理學上稱此為「dejavu(法)現象」（似曾相識），而這也就是戀愛的初步訊號了。雖為初識但卻覺得「似曾相識」而加深彼此的信賴。

然而，我們會遇到的人那麼多，為何會被特定的某些人所吸引或產生好感呢?也有心理學家對「喜歡上他人的心理結構」作說明。

❶認為對方也具有自己所引以為傲的性格（有關懷的心或體貼等），對方因為擁有和自己相似的性格而覺得妳的優點對方也有，而感到「是和自己相近的人」所以產生好感。

❷自身所自豪的外在部位如臉孔或身材等，對方也擁有時，更容易產

生好感。覺得自己眼睛很美的人，同時也會被眼睛很有魅力的人所吸引。其實就是「英雄所見略同」。

❸在困苦與煩惱中，彼此相互砥礪時容易對彼此產生好感。在困苦情況下因為有著難忘的痛苦經驗，再加上互相的安慰與鼓勵。比起日常時，自然喜歡上對方的機率就高多了。

❹見面的次數愈多，愈容易喜歡上對方。起初不能接受的那個人，卻會因每天見面而有了親切感。

這就是「物理性接近法則」的心態，所以如果對方不喜歡妳的話，不妨試著多接近他幾次，若一次被拒絕便放棄實嫌過早，試著多親近看看，親切感也會與日俱增。戀愛時，與其說是二人熱情的燃燒，還不如說是有一方殷勤地追求另一方（奉獻性），才能培養出思念彼此的情懷。所以努力不懈地把自己內心的情意傳遞給對方知道，才是最重要的！

即使當初沒有好惡之別的對方，在經常接近的情況下也會由漠不關心而轉為心生好感。

傾盆大雨的日子有時比豔陽天的約會，更容易使好感萌芽。這與好天氣的碰面相比，其好感的深度是不同的。在平常日子或好天氣時，聽到對方示愛，印象總不覺深刻，但若是在下雨天或打雷時，偶然受到身邊男性的照顧或關懷，女性對他的好感便會大大提高。

不安的情緒會使好感大增

有位心理學者曾做過以下有趣之實驗。在兩處風景優美的橋上對女性做問卷調查。

一是在現代化很堅固的水泥橋上進行，另一處則是在一座吊橋上。並在結束調查後遞上名片並告知「若想知道調查結果，請打以下電話」。

結果，在吊橋上進行調查的那些人，打電話來的比率較高，同時，對對方心存好感的比率也較高。

這是因為在不安穩且不易走完的橋上，所遇到的人較在牢固橋上所遇之人，更容易使人有「同舟共濟」的感受。

比如在上學途中，電車因突發事故而停駛時，所認識的人，雖然是初識但卻容易產生好感，這是因彼此面臨了共同的困境，而有同舟共濟的感受。大地震時，偶然一同經歷恐怖經驗後的男女，會轟轟烈烈地談場大戀愛，就是最佳佐證。

可怕經歷會使人心生好感，而且在更易讓人感到不安的空中裡所認識的他，會較在普通交通途中所認識的，要使人覺得有好感。

至於，在男女之間或人際關係上，彼此心存好感的心理是互通的，尤其給人開朗印象的人，會較形象晦暗的人容易讓人覺得面善。

想獲得別人好感的第一要訣，便是要心境開朗，以明亮的心與人接觸，對方自然也會微笑示好，所以其實「好感」的大源頭，就是人自身的心理狀態。

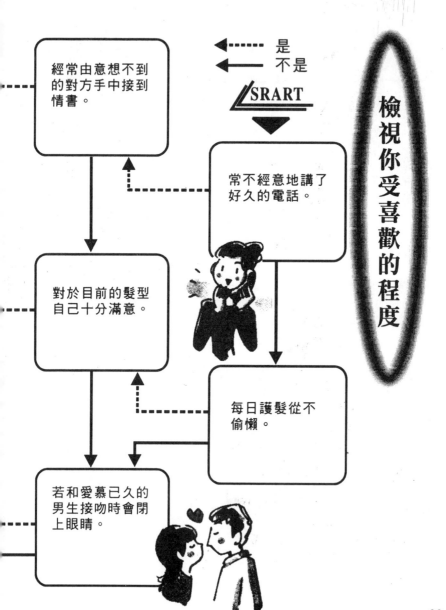

檢視你受喜歡的程度

是（虛線箭頭）

不是（實線箭頭）

SRART

常不經意地講了好久的電話。

經常由意想不到的對方手中接到情書。

每日護髮從不偷懶。

對於目前的髮型自己十分滿意。

若和愛慕已久的男生接吻時會閉上眼睛。

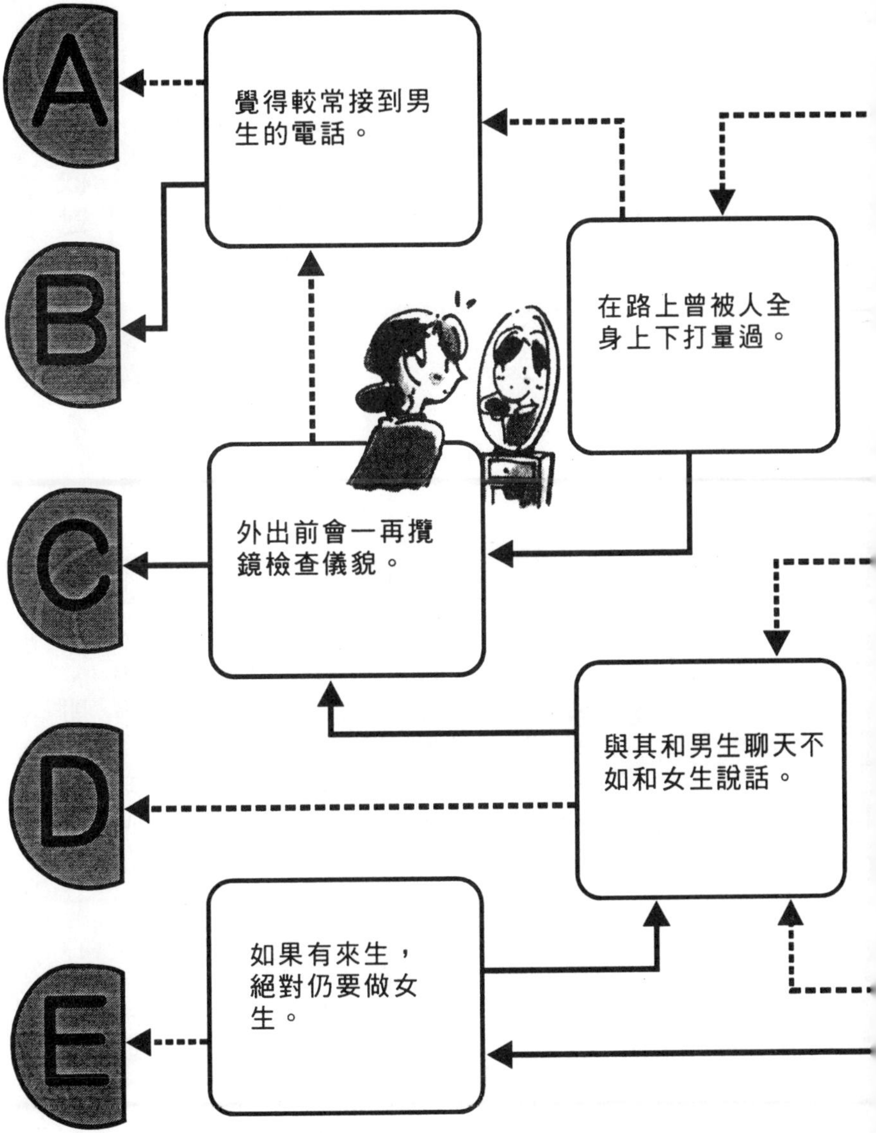
A
B
C
D
E
覺得較常接到男生的電話。
在路上曾被人全身上下打量過。
外出前會一再攬鏡檢查儀貌。
與其和男生聊天不如和女生說話。
如果有來生，絕對仍要做女生。

為了受歡迎的再度檢查

(A)**超受歡迎型**

妳無論男女都很受人歡迎，因為妳在自然的舉止中就擁有了受人歡迎的特質，即使妳沒有刻意討好，對方也會來追求你。

(B)**一見鍾情型**

即使妳不太和別人講話，但仍有許多人受妳吸引，是個容易讓人一見鍾情的對象，可惜妳對他們沒意思，他們卻仍會一廂情願的追求妳。

(C)**漸漸受歡迎型**

初見面的妳並不引人注目，但幾次相處下來，就會有不少人慢慢地喜歡上妳，即使最初無人關心，卻會在不知不覺中受到他人的喜愛，所以，別太焦急！

(D)**喜惡兩極型**

妳可能相當受某一類型的人歡迎，但卻被另一群人所排斥，因為在妳的性格中同時擁有了討人喜歡與令人厭惡的特質，所以，旁人對妳的喜惡差距很大。

(E)**有不受歡迎之危機型**

雖然妳沒什麼大缺點，但不知何故，不喜歡妳的人卻不少。或許妳也沒發現，自己平時總是神情晦暗，因此，妳得試著樂觀、開朗些才是。

⊙ 專　欄 ⊙

●旅遊途中想寄風景明信片給朋友，關於最後一句話，妳會選擇以下那一句。

ㄅ、**「和獨自旅行比起來，還是團體旅遊比較快樂！」**

ㄆ、**「旅途中總讓人思考到平時不會想到的問題。」**

ㄇ、**「旅途中若有你為伴一定會更快樂」**

ㄈ、**「觀光景點到那裏都一樣。」**

ㄉ、**「你別期待我會帶禮物回去啦！」**

依照所選擇的話，可了解妳的個性，更可知道妳和朋友和解的最佳方法。

ㄅ、**依靠第三者**　依妳說話的方式與態度是很難恢復彼此的情感，因妳不善於掌握對方的心態，所以還是依靠其他人替妳去和解吧！

ㄆ、**以間接的方法**　在和對方直接碰面的場合裡，容易說一些不該說的氣話，會把和好的機會搞砸，所以，若用寫信、打電話、E-mail 的方式，效果會較好些。

ㄇ、**直接道歉**　別耿耿於懷地胡思亂想，拿出誠意直接道歉，對方就會接受了。

ㄈ、**戒急用忍**　看看對方的態度再說，若太心急反而會有反效果，用心等待機會，必能使誤會冰釋。

ㄉ、**裝傻**　不加以理睬，反而會有好結果。經過一段時間之後，再若無其事、開朗地與他接觸，必會合好如初。但若一直板著臉，對方也會如此回應，所以裝傻最好！

隨時可應用的心理測驗

步驟7 隨口問問

能簡單做到的心理測驗，妳只需隨口問問對方。

❶妳的他（他、她）照鏡子時忽然變成一隻「動物」，他覺得自己會變成以下那一種？

A、貓
B、馬
C、貍

解說

依此測驗可了解，他想要情人改正的缺點。

A、「不要那麼愛撒嬌。」
B、「那麼貪玩，真讓人受不了！不要對別人那麼體貼。」
C、「認真點！別老是說謊。」

❷假如妳還有一隻眼睛，妳希望長在那裏？

A、背上
B、手
C、屁股

解說

依此可了解想以何種姿勢與情人做愛。

A、以對方絕對會拒絕的姿勢。

B、想在戶外進行。

C、由背後進行SEX。

❸籃中裝有桃子，但由外觀上看不見，你猜裡頭有幾顆桃子？

解說

桃子的數目代表著對方曾經交往過的人數。

例如一個……專一，只交往過一個。

二個……曾和二人交往。

三個……曾和三人交往。

❹公園裡有長型座椅，現在沒人坐，你想一個小時以後，會有多少人坐上去？

解說

回答的人數表示今後仍想交往之異性的數目。

❺看到家裡的時鐘停了，你猜它是幾點幾分停下來的？

解說

停的時間和現在時間的差距，表示離別的日期，和現在的時間愈接近，表示愈快分手。

❻桌上有隻茶壺，你想裡頭裝了多少熱開水？

A、幾乎裝滿。

B、半壺。

C、約三分之二壺。

解說

茶壺象徵著對對方的期待。

A、裡面裝滿滿，表示對現在的戀人完全滿意。

B、認為裝半壺的人，只感到五分滿足。

C、覺得三分之二滿，表示對方已無法滿足自己，已心感厭倦了。

❼路上掉了一個女用小錢包，撿起來看裡頭裝著十元硬幣，你覺得裏面裝了幾個？

解說

錢包象徵著「女性」，十元硬幣代表著對女性的滿意度，硬幣愈多表示對性與為人愈滿意，少則是不滿。

❽你丟掉的「垃圾」上，飛來了幾隻烏鴉，你覺得會飛來幾隻？

解說

丟掉的垃圾代表自己討厭的部分，烏鴉則象徵周遭惡意的批評，烏鴉愈多，表示不可信任的人愈多。

⑨桌上擺著一個被咬過的蘋果，你想它被咬了幾口？

解說　蘋果象徵自己，所以愈沒被咬，表示愈覺得自己完美；咬得愈多，則愈是覺得自己沒用。

⑩要在紐約三十樓高的飯店寄宿，你會想住在第幾層樓？

解說　紐約的高樓飯店象徵著自己嚮往在幾歲結婚，樓層愈高，代表想愈晚結婚，三十層代表三十幾歲，二十層代表二十幾歲，十層以下代表十幾歲。

步驟2　詳細詢問

到書店買雜誌，你想要的雜誌有一大疊，如果要拿一本，你會拿那一本呢？

A、最上面第一本。

B、上面第二本。

C、上面第三本。

D、上面第五本。

E、盡量由下面抽。

解說

只是拿一本雜誌，由那裏拿的動作，可看出對金錢與物質之慾望是如何。

A、拿最上面　毫不考慮就抽「最上面」的人，是個不拘小節的樂天派，連金錢都不計較，十分豁達的人，從不在乎節約或吝嗇之事。

B、拿上面第二本，即使想認真節約，但到了重要關頭卻仍常揮霍，像是水籠頭一直開著，或找錢時不確定無誤就收下的人。

C、拿上面第三本，乍看以為對省錢沒有概念，但其實是個儲蓄專家，買東西或用錢看起來像不加思索，但其實是考量了很久才行動的。

D、拿上面第五本　不但小氣且希望找到別家賣更便宜的，是個購買慾高而且能控制金錢支出，努力存錢的人。

E、盡量由下面抽　省錢！省錢！一心想存錢，十足發揮了節儉本色，但卻全然不在乎別人的批評，是個拙於用錢的人。

朋友送你一個蝴葉蘭盆栽當生日禮物，偶然在百貨公司發現相同盆栽標價一萬元時。

請問若你想由這家百貨公司買禮物回贈他，謝謝他送花的心意時，你會花多少錢？

A、完全等值，一萬元的商品。

B、約一半，五千元的東西。

C、更氣派地送一萬五仟元的商品。

D、增加一些，一萬三仟元的商品。

E、減二成，約八千元的東西。

解說

依回禮的金額，可了解其對金錢的感覺與節約的程度。

A、同等價格，一萬元的商品　回贈同額禮品的人，心底對金錢的原則是很有條理的，無論借、還有著認真的看法，是個不拖欠的合理主義者，對節約亦有著適度的計畫。

B、約一半、五千元的商品　是個相當吝嗇的人，索求時很貪心，要付出時便很小氣，有時對應該花費的錢也不願拿出來。

C、一萬五千元的商品，十分愛慕虛榮，容易揮霍，喜歡花錢。若獲得橫財會得意忘形揮霍無度的人，是個與儲蓄無緣的人。

D、一萬三千元的商品　雖有節儉的念頭，但買東西時卻容易衝動，看到喜歡的東西會毫無理性的亂買下來，所以心中雖想存錢，但卻會在不知不覺中把錢亂花掉。

E、買八千元的商品　懂得權衡

與考量，人情事故上的花費，在現實中是個能適當節儉的人，在多花錢的第二天便會設法把錢存回來，並在日常能有相當的積蓄。

●在四個圓圈的正中央打「×」，但先抉條件是要閉上眼睛，且先讓鉛筆與紙張保持二十公分距離，如此便能檢查你的性格。

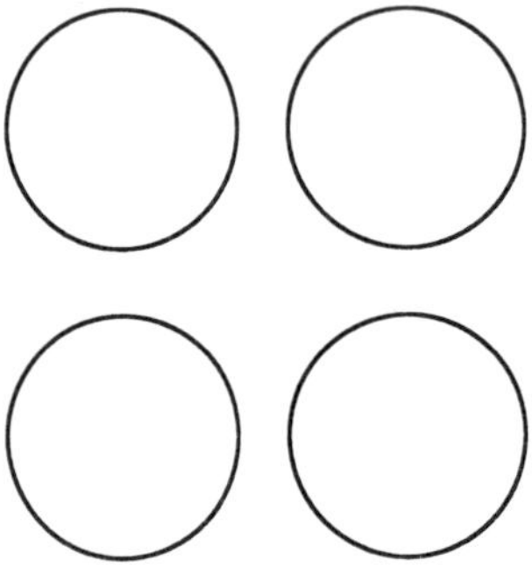

雖然測驗的方式是在四個○中畫×，但其主要測試的是其誠實度為何！

閉上眼睛，要在○中畫×，幾乎是不可能的事，如果四個都能正確畫上去的話，表示一定偷偷把眼睛張開了。

在一個○中正確打×的人，和能達成二個以上的人，心態是不同的，如果表示測驗的目的不同「這是要測驗你腦筋的好壞」，那反應就更不相同了！

步驟1之2　節制力的探索

❶這裡有三個三角形，如果要你選擇其中最喜歡的一個，你會選擇那一個？

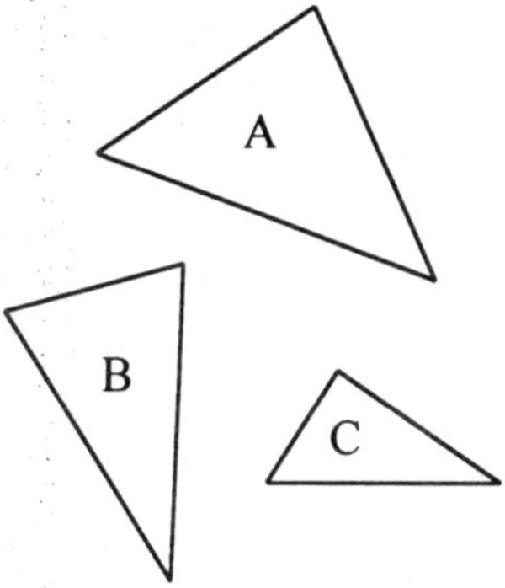

解說

這個問題是要測試你的「固執度」如何。

這三個三角形的大小不同，選擇A最大的三角形的人，有著固執的性格。選擇C最小的三角形的人，則是內向又軟弱。選擇B的人，則是有時會稍微倔強。

❷由「1」到「5」的數字中，隨意挑一個數字，你會挑哪一個數字呢？

解說

這問題是要測試你的「適應能力」。

一般會想到3的人最多，同時這也表示其適應能力最好。若是挑1或5的人，表示其能力好，但適應能力稍嫌弱了些，選擇2或4的人，則是消極又軟弱，老是不太合群。

❸假設眼前有個酒壺，但卻看不見裡頭裝了多少酒，你猜其中會裝了多少呢？

A、幾乎沒有。
B、大約一半。
C、幾乎滿滿的。

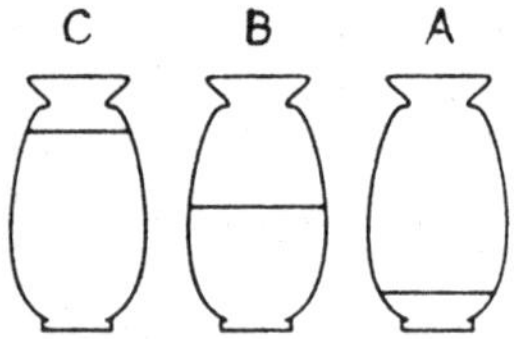

解說

此問題是要測試你「慾求不滿的程度」。

若認為裝愈少的人(A)，則表示其慾求不滿的程度愈高，時常焦躁、怨，選擇C的人則是樂天知足派。選擇B的人雖感到慾求不滿，但卻懂得消解之道。

❹有人買彩券中了一百萬，假如想藏起來，你會想藏在那裏？

A、衣櫃裡放內衣的地方。
B、神主牌後面。
C、銀行保險櫃。

解說

依藏錢的地點可判斷你的創意能力。

創意度最佳的是選B神主牌位的人，其能發揮想像力，做種種的思考。選C金庫，則是保守、創意能力最差。選A放在內衣中，則是看似有創造力，但其實很單純的人。

❺一輛車子開進隧道中，你想通過後，另一端的景色會如何？

A、小市鎮。
B、又是一個隧道。
C、蔚藍的海岸。

解說

本問題是要測試你「壞心眼的程度」。

選B又要進入另一個隧道的人，心眼最壞。選C是風景優美的海岸的人，不但開朗且會替別人著想。選A的人是個現實主義者，有時需要更冷靜些才是。

❻一提到茶泡飯時，你會馬上聯想到那一種？

A、鮭魚茶泡飯。
B、梅子茶泡飯。
C、鱈魚子茶泡飯。

解說

這問題是要測驗你觀念的「頑固度」。

一說起茶泡飯，日本人多半會聯想到「鮭魚茶泡飯」，所以愈是傳統的人愈會選擇A，這是最普遍的選擇。選B梅子茶泡飯的人，則是既頑固又守舊。選C鱈魚子茶泡飯的人，討厭平凡，是個個性鮮明的人，但在人情事故上稍嫌偏執。

❼看電視途中，進較長的廣告時，你會如何？

A、轉別台。

B、不換。

C、去廁所。

解說

本問題表現你「心安定之程度」「放鬆能力」如何？

A是心情不安定，容易焦躁。B是心境最安穩，能控制自我之情感。C則是行動派，好奇心強，設法好好安定下來。

❽有三個時鐘擺在一起，但上面的時間各不相同，請依直覺來回答你較喜歡指針所擺的位置。

A、三點　B、十點十分　C、九點半

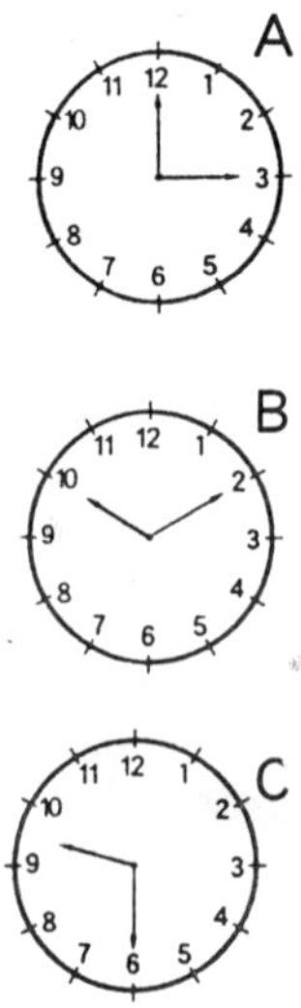

解說

依喜愛時鐘指針所擺的位置，可看出妳的

「審美觀」如何？

選A的人較缺乏美感。選BC的人對美的事物感受敏銳，B是屬於較為傳統之美感；C則是個性鮮明且較特異，有其美感是一般人所無法領略的。

❾請猜拳，「剪刀、石頭、布」你會出剪刀、石頭，還是布呢？

猜拳是手的一種行為動作，在最初的手勢正透露出目前你對人際關係的態度為何。

解說

伸出剪刀的人是對他人有著攻擊的心態。出布的心態則是既開放且溫和。出石頭的人，是難以敞開心扉有顆頑固的心。

❿和朋友三人一塊搭計程車時，你通常會坐那裡？

A、司機旁邊。
B、司機後面。
C、後座右邊。

解說

由計程車座位的選擇上可以看出，對朋友的關懷與親切度是如何。

選A司機旁邊座位的人，不但積極且懂得關懷與照顧他人，而且會想尊敬另外二人。選B的人則是以自我為中心，稍略缺乏關愛之心。選C的人對誰都能表達適度的友善與隨和，關懷也一樣。

⑪秋天是藝術之季，假若下面這幅畫要裝飾在你的房裡，你覺得那一幅比較好？

A、風景畫。
B、靜物畫。
C、人物畫。

解說

由對繪畫的偏好，可得知其人「道德標準」如何。

選擇風景畫的人，有著最普遍的道德感，任何事都僅做到恰好的程度。選擇靜物畫的人，有著很強的道德觀念，既保守又傳統，選擇人物畫的人，酷愛自由，道德感亦是以自我認知為出發。

⑫假如要進被爐裡和戀人談心，你會選擇如何的位置？

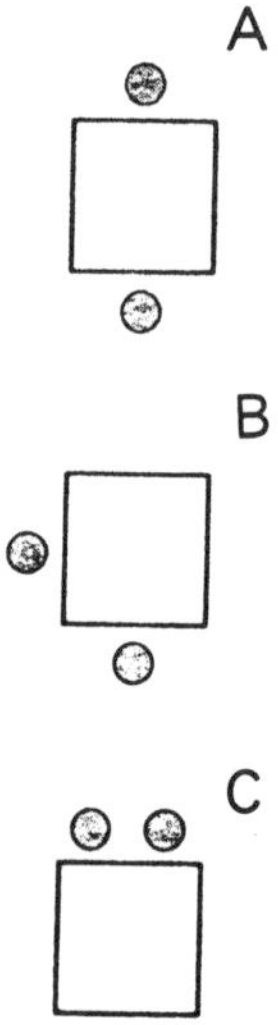

解說

男女間被爐的坐法，與愛情欲求之強度有關，由此可檢視出戀人或夫妻間「愛情濃度」為何，這其實和吃飯時選擇座位的意思是相同的。

A表示討厭膩在一起。重視交談但稍嫌冷漠了些。B則是感情最好的人。C則有著熾熱的情感，是個想控制對方心思的人。

⑬盆栽裡冒出的小綠芽，如今有人照顧、灌溉，你猜想它將來會長成什麼樣子？

A、既大又美麗的花朵。

B、不會開花的草木。

C、會枯死。

解說

依照對花草的想像，可了解此人性情之「開朗度」如何？

選A是個性明朗、無論工作或待人處事都相當積極的人。選B的人，雖然很正直但常忘了要放開心胸。選C的人則是容易有負面的思考，記得要試著開朗些。

步驟3 再接再勵

星期日早上，正下著傾盆大雨，你會如何安排呢？

A、叫朋友來家玩。
B、去找朋友玩電動玩具。
C、一個人躲在家裡看錄影帶。
D、和寵物玩。
E、在家裡睡大覺。

解說

A、樂善好施型……像運動會、園遊會等等，諸如此類的群眾活動，都會積極參與，且擔任策劃幹部或籌備委員，就像是學生會會長型的人。只要別人開口說「拜託」「麻煩你了」時，就會樂意去做。有時甚至沒有被要求，也會想要幫忙，而被說是好管閒事。沒事可做時，不但會覺得無聊，還會無精打采的垂頭喪氣。

B、狐假虎威型……是個當了會長的跟班就自以為當了老大的人，總是追隨強者，巴望能因此而分到好處，有時繁瑣且自己不願去做的事，卻仍會對他人嚴刻要求，只是在口頭上逞強，靠別人的拳頭打架。

C、漠不關心、自顧不暇型……全無協調的空間，總是冷眼旁觀的人。像運動會時，不但無心參與比賽，甚至吝於對參賽者加油、打氣。但因怕被指責自己太過冷淡，因此對於事前的討論或籌備會也都會勉強出席。

D、人云亦云型……易受他人意見之影響而搖擺不定，任何事都會參與，但都缺乏恆心。嘴上說得很動聽，但實踐起來有麻煩時，就會以「好忙哦！」「有更急的事」為藉口，來加以拒絕。即使被周遭朋友說是浮躁、情緒化的人，自己卻渾然不覺。

E、冷靜沈著型……做事能提綱挈領，總在行動前，能先觀察整體概況，想清楚了才出手。但對於太過牽強或危險之事，絕不參與，只有安全無慮的事情才會執行，因好避免受到他人的責難。但因為表面冷淡，似乎並不熱衷，所以很難得到旁人的感謝，且總是讓人印象模糊。

見老師正撐傘由校門口走出來時，你想老師會拿什麼顏色的傘呢？

A、黑色。
B、黃色。
C、藍色。
D、灰色。
E、白色（塑膠傘）

解說

A、優秀學生型……你是個對任何事情都要求十全十美的人，老師一定認為你是個「有前途」「努力用功的好學生」型。因此對你有著高度的信賴，即使有一些失常的行為，他可能仍會原諒你，但若因此而得意忘形，那就危險了！

B、頂撞反抗型……對一切事物總是埋怨，或加以頂撞的反抗型學生。也許會被他人認為難以相處，但老師常誤解此類學生為反抗心態強烈的小孩。其實要留給老師好印象，聽老師的話，才是最好的方法。

C、乖巧綿羊型……你是隻在迷途上或有煩惱的小羊，也許你以為自己行事敏捷，但在別人眼裡卻是迷糊，或過度小心的人。因此最初試著讓自己活潑有朝氣最重要，而且別忘了要明確表達自己的是非與喜好。

D、依賴討好型……有著極度想被老師疼愛與關懷的心態，所以可能說同學的壞話或奉承老師。有時為了想引起別人的注意，而有一些奇怪的言行舉動。其實應該直接告訴老師，才最重要，以免發生誤會。

E、我行我素型……其被認為是躲在自己世界裡，以自己的認知為行事的原則，有著不想被干涉的心態。所以老師設法了解你的需求，而覺得你是個莫名其妙的人。

如果現在和大家一同看錄影帶，你會想看什麼？

A、魔法公主（日前熱門的話題。）

B、半年後才會上市的影集。

C、鐵達尼號。

D、超人氣樂團。

E、英語會話錄影帶。

解說

A、滿意度一〇〇%……你心想，幸好被編到這一班，老師人很好，和同學又處得來，班上氣氛融洽，一切都令人十分滿意。假如有稍稍不美好的小缺憾，你也容忍而不表露出來。對你而言，現在的班級是最能讓你盡情發揮自己的長才。

B、滿意度七十%……對於現狀，你並沒有明顯感到不滿之處。班上的氣氛也沒使你覺得厭煩。只是你不知該如何做，才能發揮自己的才華。

C、滿意度五十%……並沒有明確的喜惡，總覺得凡事可有可無，老是差不多的樣子。有些無聊，但卻找不到可以熱衷投入的事情。班上沒什麼缺點，所以也不會不想去學校。

D、滿意度三十%……對你而言，現在的班級與同學，並不那麼討人厭，只是覺得沒法融入。因內心沒有想積極參與的事情，所以當要集體行動就會感到有些厭煩。

E、滿意度五%……所有的一切都不順你的意，如果這種狀況再繼續下去，能否讀完一個學期都是個問題。令人厭煩的事層出不窮，雖也想在班上快樂地參與學習，但一進教室心情便直轉急下。問題出在那裏呢？會不會是自己的關係，應該好好自我檢討一下。

你覺得這東西是什麼？

A、有人高舉雙手在喊叫。
B、龍蝦的頭。
C、遊樂園的乘坐機器。
D、熱帶地區盛開的花。

A……你是擁有傳統審美觀念的人，對藝術也許沒有多大的興趣，但在畫素描或設計圖時，卻能發揮相當的實力。

B……對於某些事物有興趣時，便會熱衷到底，且會湧現許多構想，有編故事或創作寫書的才能。

C……會想到別人無法擁有的構想，無論是繪畫或勞作，都會有令人驚豔的傑作。

D……是個很感性的人，節奏感佳，在氣氛良好的情況下能發揮音樂的長才，同時亦擁有相當的審美感，所以組個樂團可能會廣受歡迎。

像這樣透過墨跡般圖形的聯想，好了解心理狀態的測驗，被稱為「羅沙哈」測驗。

假如在一處有著明亮陽光照射的窗邊，擺著一盆花做裝飾，設想你就在屋內，你會想擺那一種花？

A鬱金香　B百合花　C薔薇

解說

想擺飾的花，象徵著你的「人生觀」及人品如何，另外還有你對往後生活的嚮往。

A、鬱金香……做事情不會過於牽強，總是以安全為優先考量，可能處處為他人著想。是個善於社交且有原則的人，因此人際關係良好，能擁有很多朋友。

B、百合花……純真且有著強烈想奉獻的愛心。行動前總先經過一番思考，是個謹慎且小心的人，但有時為對方顧慮過多，而錯失了好時機。

C、薔薇……是個自我且熱情的人。有著十足勇氣去積極挑戰連凡人都想放棄的事。生活上總想追求刺激，對人的好惡不但明顯且富戲劇性。

第5章 為了瞭解另一個「我」

1 人面獅身的喃喃自語

如果人面獅身會說話，你覺得他會說些什麼呢？

A、蹲在這裡好無聊，我真想馬上站起來！

B、我為什麼會蹲在這裡呢？

C、在這裡看了人類幾千年，真的覺得人類好愚蠢，幸好我不是人。

D、大家都來看我，希望能一直坐在這，這個景點挺好的！

解說

本測驗能了解你心中願望，慾求不滿度及焦慮感如何。

A、你心中對於現狀感到十分地不滿，期盼自己與眾不同且能向新事物挑戰的慾望很高。

B、現在的你仍無法了解自己，什麼都想做，但真的要開始時便會感到迷惑，因而喪失衝勁！

C、有著很高的求知慾與分析能力，實踐計劃前總會做好萬全的準備與詳實的分析，但有時會因考慮過多而喪失良機。

D、現在的你是個開朗的樂天派，凡事不會往壞處想，對於現階段的生活感到十分滿足，也許會害怕生活上起什麼大變化。

2 令人難以置信的事

你依賴他人的程度如何？

如果一早睡醒，看見鏡子裡的自己，變成了陌生怪人的臉孔時會如何？

A、再去睡一下。

B、搓一搓臉，覺得可能在作夢。

C、打破鏡子。

D、大喊「救命啊！」

解說

據說任何人在潛意識裡都有變身的不安全感，現在自己會變成另一個人嗎？像那喀索斯，因為在池畔迷戀著自己的美貌，而化身水仙是願望的實現。

但，其實任何人都有較負面會變身的不安全感。因此，可由你發現變身的反應，來判斷你的忍耐程度。

A、你是個樂天派，即使一再倒霉，也都會堅信只要隨著時間消逝，運氣就會轉好。因此對於自己遭逢的災難，都能樂觀地忍耐下來。

B、凡事總依邏輯性思考後才行動，是個當意外發生時，能思考合理變化來加以應對的人。即使面對令人不安的問題，也不會顯得慌張失措。

C、遇到麻煩事總把責任推卸給他人或隨意嚷嚷。沒法冷靜做判斷，是個忍耐力差，容易陷入困惑、悲傷或埋怨周遭的人。

D、是個依賴心重，總想依附強者或能予以協助的人，身邊有人支持便能忍耐痛苦，若只剩自己一人就沒法吃苦耐勞，有著甩不掉的孩子氣。

3 情人節的告白

Q1　春天來臨了，熊也從冬眠中醒覺過來，因此，在滑雪者的面前會出現一隻熊，你想滑雪者會如何？

A、掉到洞裏受到熊的侵襲。

B、安全飛越過去。

C、改變方向滑行。

D、在中途停住。

Q2 在滑雪場上有著各式各樣的電纜椅，你會想坐那一種？

A、三人座的　B、一人座的

C、二人座的　D、吊艙式

Q3 今晚寄宿在那裏？

A、民宿　B、飯店

C、溫泉旅館　D、公家旅館

〈3的得分表〉

	Q3	Q2	Q1
A	1	1	3
B	5	8	8
C	8	5	5
D	3	3	1

A 3分～5分
B 6分～10分
C 11分～15分
D 16分～19分
E 20分～24分

解說

A、**霸王上弓型**……你雖然內向卻很偏執。但別忘了發揮你固執的態度，請好友幫你營造在讓他無法拒收的情況下，再送出巧克力，其實被拒也無妨，但還是在多人包圍的情境裡使他無法拒收最好。

B、自然而然型……因為對方是個怕羞的人，所以要找兩人獨處的時候，再給他巧克力。無須太在乎細節，直接交給對方，才最適合你的個性。在最自然的場所，時間則是以對方心情較愉快的星期一或星期五最為適合。

C、悄悄遞給型……你原本的性格就很含蓄，看著對方的臉，就會說不出話來。所以為了表達你含蓄的氣質，最好是悄悄送上禮物。在他回家前，就把禮物放好在他家門口，並附上姓名縮寫，或是能讓他明瞭是你所贈的記號。

D、相約贈予型……你是不讓鬚眉，想支配對方的女強人型，像普通女生登門拜訪的方式，就不適合你的性格。你可以打電話約他出來，即使如此，他應會覺得正常而欣然接受邀約，而你可以向他告白後，再送上巧克力。

E、開放型……你是個沒法隱藏秘密，個性坦白的人。可以呼朋喚友一同陪你去送禮物，或是在眾所矚目的情況下給他巧克力的效果會最好。像你這樣開朗的人際關係，會讓對方很感動。

4 藏私房錢的方法

如果你有私房錢五十萬元，要藏在自己的屋子裡，請憑直覺回答，你會打算藏在哪？

A衣櫃中　B花瓶中

C時鐘裡　D牆壁畫框後面

E地毯下面

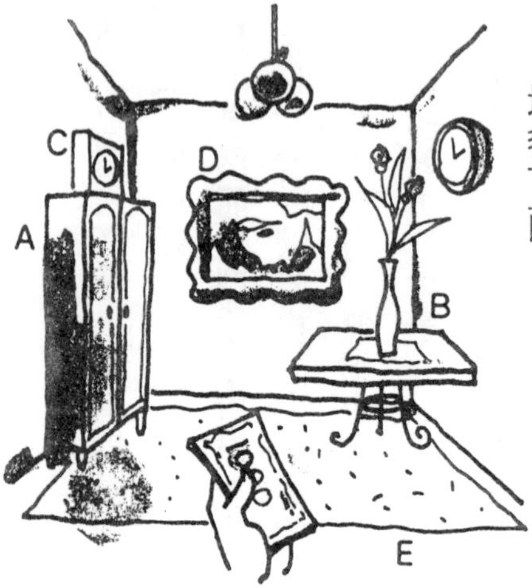

解說

藏私房錢的方法，乍看似乎很簡單，其實頗難。如果考慮過多而藏太過隱密的地方，有時連自己都會忘了藏在那裏。

同時，藏東西的方式因人而異，有人會考慮二、三個後才選定好地方。有人則是一進門就馬上藏好。

另外，通常會把錢藏在站著就能摸到之處的人，總是個急性子，當然錢也比較容易被發現。

A、衣櫃中（和內衣放在一起）

和藏在自己常穿衣服中的人一樣，心思細密、個性謹慎、戒心強，容易懷疑對方。

B、花瓶中

會想藏在漂亮花瓶中的人，對金錢較大方，重視精神勝過物質而且善解人意，是個很溫和親切的人。

C、時鐘裡

想放在顯示時間的鐘裡的人，個性較規矩，討厭散漫，會顧及時間規劃，多半是個生活規律的人。

D、牆壁畫框後面

想藏在美化室內的圖畫背後的人，喜愛出風頭，老想受人注目，是個社交高手。

E、地毯下面

就心理上而言，這和想藏在土裡的心態是一樣的，這樣的人能吃苦耐勞，而且很樸實，討厭華麗，個性認真，但說不定很小氣。

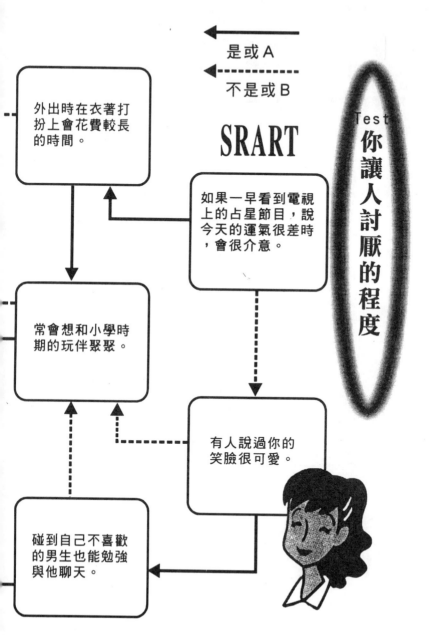

Test

你讓人討厭的程度

是或A

不是或B

SRART

如果一早看到電視上的占星節目，說今天的運氣很差時，會很介意。

外出時在衣著打扮上會花費較長的時間。

有人說過你的笑臉很可愛。

常會想和小學時期的玩伴聚聚。

碰到自己不喜歡的男生也能勉強與他聊天。

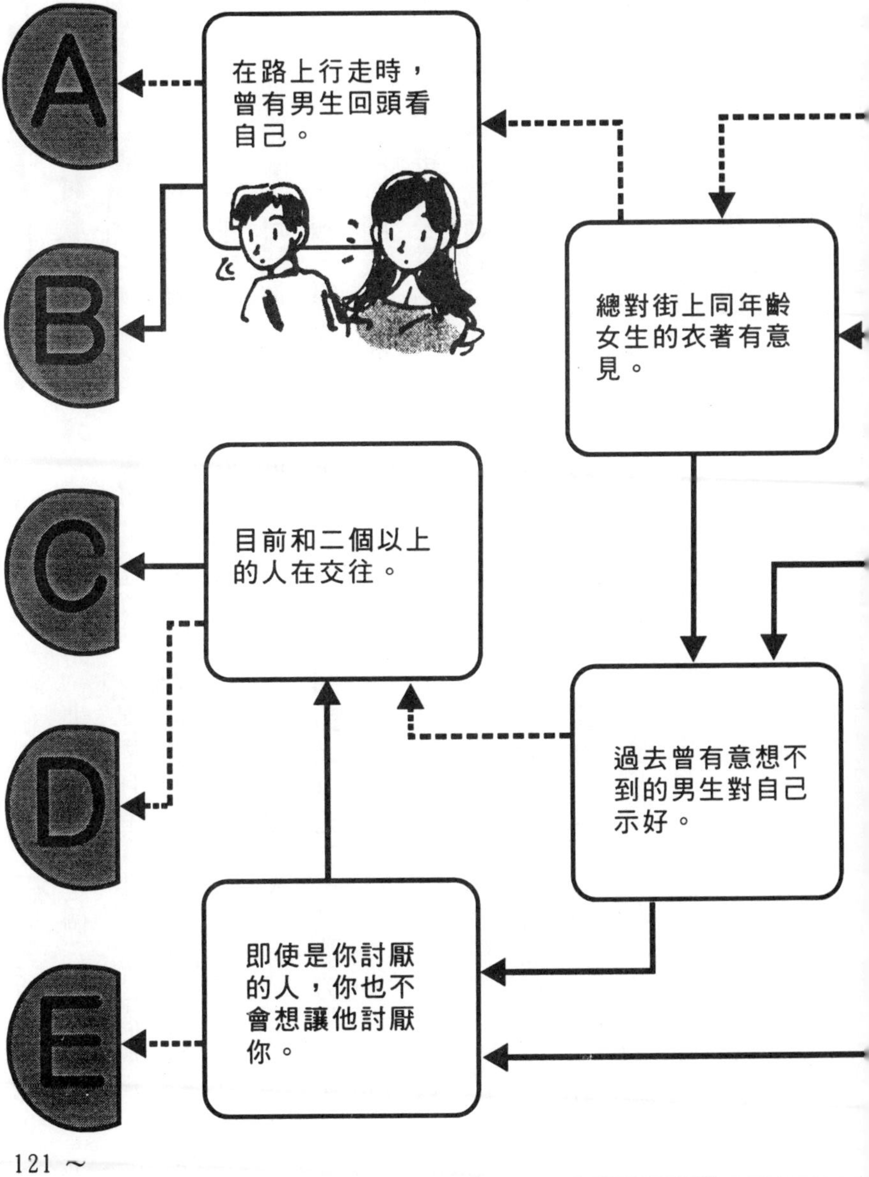
A
B
C
D
E
在路上行走時，曾有男生回頭看自己。
總對街上同年齡女生的衣著有意見。
目前和二個以上的人在交往。
過去曾有意想不到的男生對自己示好。
即使是你討厭的人，你也不會想讓他討厭你。

避免被討厭的注意事項

A　消極會帶來負面影響

雖然你並沒惡意，但周遭人總會與你保持距離。可能你在表達愛情或友情方面過於消極，導致別人老是沒去了解你。所以關於自己的想法，該試著大方直接的表達出來。

B　雞同鴨講對不上

你喜歡的人總躲著你，你討厭的人卻猛向你獻殷勤，戀愛時受到自己不喜歡的男生追求，別太挑剔，要都試著交往，才能有正面的效果。

C　八面玲瓏反而不好

你的個性溫和，但若對所有人都如此時，則會被說成是個八面玲瓏的女生。尤其對所有男生都像是有好感時，在女伴間的人際關係就會直線低落。

D　眾所歡迎的人

你開朗又有魅力，無論男生、女生都不會討厭你。你的魅力並非來自於外在，而是由內心所散發出來的氣質，今後也要好好維持這樣。

E　過於自信而有負面影響

會討厭你的人可能很少，因此容易受大家稱讚與奉承，如果情況繼續下去，你則容易得意忘形，而有令人討厭之危機。

找不到討厭的理由

有時討厭他人，因受了心理上不可思議的影響，而無法說出個理由。

其實討厭別人是受了各種心理因素所造成的，這大致上可分為三類：

・辜負內心的期待。

・個性有所差異，彼此心靈成長有差異。

突然開始討厭對方的缺點

以男女的立場來說，盲目愛情的結合，是無法冷靜看見對方的缺點，有時反而會把對方的短處看成是優點，就像古人所說：「情人眼裡出西施。」熱戀時，即使伊人臉上有傷痕，在你的眼裡都會像是酒窩般可愛。在心理學上稱此為「光暈效應」。

如果眼睛注視太陽的光輝，會因過於耀眼而無法把對象看清楚是同樣的道理。

例如，有的男生會把女友視如女神般仰慕，而不敢正視對方。

可是在交往的過程中，當熱戀慢慢冷卻下來時，也就能把對方當普通人看待。因此，過去不介意的事，也會漸漸開始在乎。

這時，若對方和自己的印象差距過大，或和心中的理想不同時，「喜歡」的心情，突然間就會變成「很討厭」，也就是產生了「辜負期望」的心情。

沒有持續相互了解

第二個原因「個性有所差異」其實是比想像上嚴重的問題。日本夫妻排行第一名的離婚原因，就是個性不合。即使面對的是自己心愛的人，當彼此個性有差異時，好感也會逐漸消退。

人的個性最重要的就是「開朗」。能常以明朗、樂天的心情去面對問題的人，即使遇到令人愉不快的問題，也都能容忍下來。但若是老以陰暗面思考問題的人，遇到稍有意見相左，就會陷入不安中，對對方感到失望。如果不能了解彼此的優缺點，那不久就會開始討厭對方。

一起成長最重要

第三個原因「心靈成長有差異」，不論是誰，都會一直成長，不單只是身高、體重，還有心靈也會成熟。如果差異過大，就會有一方心生失望，或漸漸討厭對方。

例如，有些外表成熟美麗的女生，個性卻任性又孩子氣，即使吸引人，但不久也會被男生認為是難以相處又討人厭的女生。

像這樣三個因素，有時候卻是因為更簡單的理由所造成的，那就是「缺乏照顧或關懷對方」。若不能常以對方的立場為他著想的話，對方便容易對你感到厭惡。

過去一直能持續好感的關鍵是在於以英文字愛「ＬＯＶＥ」為主。這字表示著被喜愛的四個要素。Ｌ是Listen（聽）是否願意傾聽對方的心聲。Ｏ是Over look（寬容），對於他的錯誤都能加以寬容，愛才能持久。Ｖ是Voice（聲音），用語言表達內心情緒亦是重要的一環。Ｅ是Effort（努力），人們對於勤勉的人總保有相當的好感。

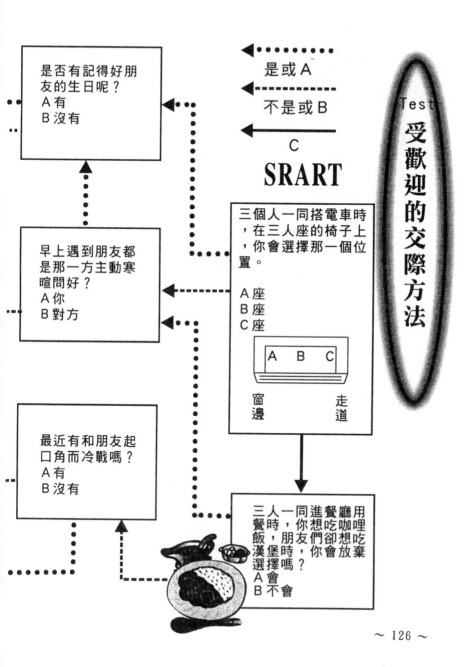

Test

受歡迎的交際方法

是或A

不是或B

C

SRART

三個人一同搭電車時，在三人座的椅子上，你會選擇那一個位置。

A座

B座

C座

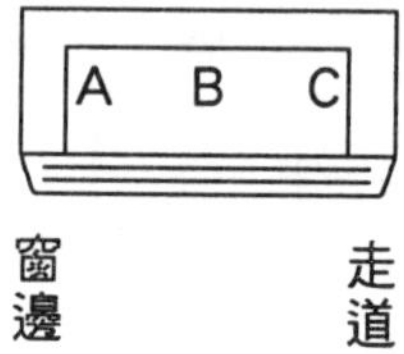

三人一同進餐廳用餐時，你想吃咖哩飯，朋友們卻想吃漢堡時，你會放棄選擇嗎？

A會

B不會

早上遇到朋友都是那一方主動寒暄問好？

A你

B對方

是否有記得好朋友的生日呢？

A有

B沒有

最近有和朋友起口角而冷戰嗎？

A有

B沒有

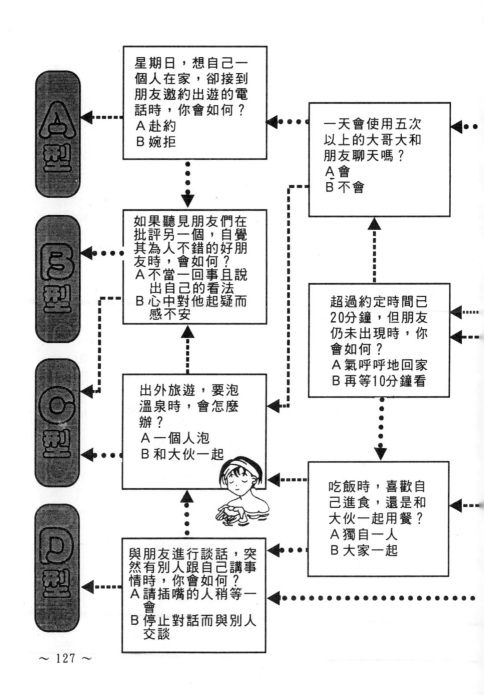

星期日，想自己一個人在家，卻接到朋友邀約出遊的電話時，你會如何？
A 赴約
B 婉拒

一天會使用五次以上的大哥大和朋友聊天嗎？
A 會
B 不會

如果聽見朋友們在批評另一個，自覺其為人不錯的好朋友時，會如何？
A 不當一回事且說出自己的看法
B 心中對他起疑而感不安

超過約定時間已20分鐘，但朋友仍未出現時，你會如何？
A 氣呼呼地回家
B 再等10分鐘看

出外旅遊，要泡溫泉時，會怎麼辦？
A 一個人泡
B 和大伙一起

吃飯時，喜歡自己進食，還是和大伙一起用餐？
A 獨自一人
B 大家一起

與朋友進行談話，突然有別人跟自己講事情時，你會如何？
A 請插嘴的人稍等一會
B 停止對話而與別人交談

A型

B型

C型

D型

提高好感度

想提高別人對自己的好感，該如何做嗎？

A型

不要太以自我為中心，做事情之前應試著以對方的立場想一想。晚上，要打電話時應考慮，這時段是否會給對方造成困擾後再行動，也能使好感提升。同時，別老扮演說話者，而該試著多當聽眾。

B型

你的缺點就是知道自己沒把握，卻仍會輕易地接受別人的要求。若要使別人對自己的好感增加，方法便是別隨意接受別人的請託，但若接受了就要好好遵守。尤其是要準時赴約。

C型

遇見了朋友別忘了問候，像「早安」「你好」「謝謝」等每日簡單的寒暄。尤其在與人對談時反應要明確。在赴約前最好先對鏡子試著做出開朗的笑臉。

D型

對於事情，你可能常往壞的方面想，明明能做到的事，卻會膽怯而不敢放膽嚐試。應試著保有船到橋頭自然直的開朗想法。凡是堅信能做到的事，即使不可思議，也會慢慢達成。

測驗你的疲勞度

在夜晚的天空，看見別人施放的美麗煙火，你的反應會如何？

A、大聲叫說「好漂亮啊！」

B、拿出照像機拍下美麗的景致，好給朋友做紀念。

C、爬到大樓屋頂上觀賞。

D、和朋友一邊吃冰棒、喝果汁，熱熱鬧鬧的觀賞。

E、坐在椅子上觀看。

解說

A、你是否常得意忘形而勞累過度。想做的事很多，正處於好奇心旺盛的時期。例如，明明不想出門，但面對朋友的邀約時仍會答應，造成你疲倦的原因，大部分是過度玩樂。

B、你是否過於熱衷在家讀書或玩電動玩具呢？因為都關在家裡做自己感興趣的事。所以到了暑假結束時，就覺得疲勞過度，因為只做自己愛做的事，卻沒有進行其它的功課。過

於熱衷自己的喜好就是你的缺點。

C、你的疲勞是因為你總是顧前顧後，太擔心功課或憂慮工作上的事，而且太在乎老師或老闆的看法，所以你的疲倦是屬於精神層面的。

D、你有沒有常吃過多自己偏愛的食物？暴飲暴食就是你疲勞的原因。無法控制食量就是你的缺點，不要太貪心，對於想要、想吃的東西要稍加節制。

E、你會疲勞是因為生活不正常所造成的，在生活習慣是否很懶散而經常拖拖拉拉呢？如果身體如此，那精神也會受影響，趕快重新擬定計劃，好過著規矩且正常的生活吧！

「如何排除疲勞？」

到了車站發現每個票口都排滿了人，如果這時你也要排隊買票，你會排那一列呢？

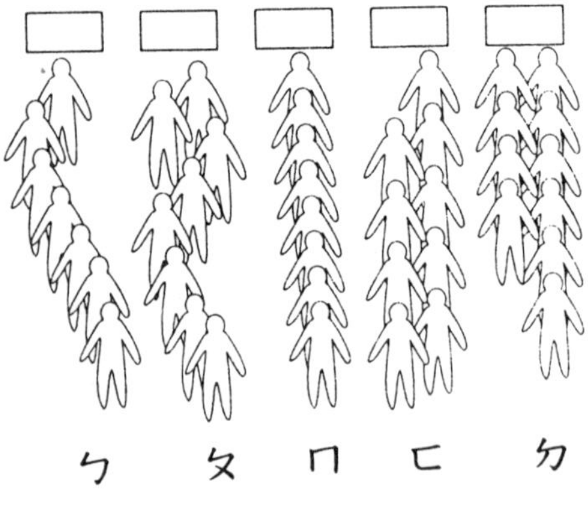

ㄅ　ㄆ　ㄇ　ㄈ　ㄉ

排除你疲勞的方法

A ㄅ列……應多活動筋骨，你是否很懶散而不想動，如果是，則應多做些運動，或到山上、郊外走走，讓自己流些汗感覺會很舒暢。出門時別搭公車或計程車，多用走路。

B ㄆ列……請恢復正常的生活作息，暑假的氣氛很難擺脫，做任何事都覺得麻煩，而想依賴他人。

缺點就在於沒有決心去實踐擬好的計劃，所以應重新檢討生活，將目標計劃表貼在牆上，自己可以清楚看見的地方。

C ㄇ列……改變形象是恢復精神的最佳辦法，試著改變髮型、服裝。穿上過去不常穿的衣服，或更換隨身物品或鞋子的顏色，讓自己能煥然一新。

D ㄈ列……小旅行是改變氣氛、消除疲勞最有效的方法。以當天可來回的行程到自己沒去過的地方或廟宇，或者爬爬高塔去眺望海洋，也能使自己更有活力。

E ㄉ列……利用改變屋內的擺設來恢復疲勞。改變椅子的顏色，或把桌子換到太陽無法直射，較陰涼的地方用功，然後在牆壁貼上你喜愛的海報，效果可能很不錯。

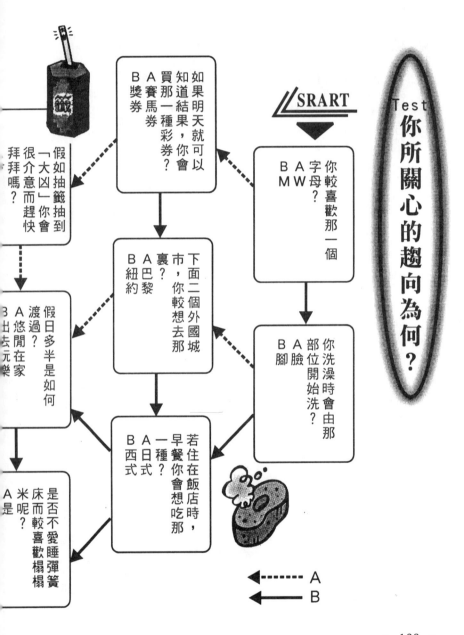

Test

你所關心的趨向為何？

SRART

你較喜歡那一個字母？
A W
B M

你洗澡時會由那部位開始洗？
A 臉
B 腳

如果明天就可以知道結果，你會買那一種彩券？
A 賽馬券
B 獎券

下面二個外國城市，你較想去那裏？
A 巴黎
B 紐約

若住在飯店時，早餐你會想吃那一種？
A 日式
B 西式

假如抽籤抽到「大凶」你會很介意而趕快拜拜嗎？

假日多半是如何渡過？
A 悠閒在家
B 出去玩樂

是否不愛睡彈簧床而較喜歡榻榻米呢？
A 是

A（虛線箭頭）
B（實線箭頭）

在卡拉OK被指名點唱時會如何？

A 唱

B 不唱

假如單獨旅行時，下面兩種物品只能選擇帶一樣，你的選擇是什麼？

A 書

B 隨身聽

下面你想到那個地方？

A 海邊的飯店

B 高原的飯店

牆上有個大洞，你會探頭窺看嗎？

A 會

B 不會

你喜歡那種顏色的鬱金香？

A 紅色

B 黃色

看電視進廣告時你就會轉台嗎？

A 是

B 不是

A 時髦

B 優雅

C 古典

D 藝術

E 休閒

F 自然

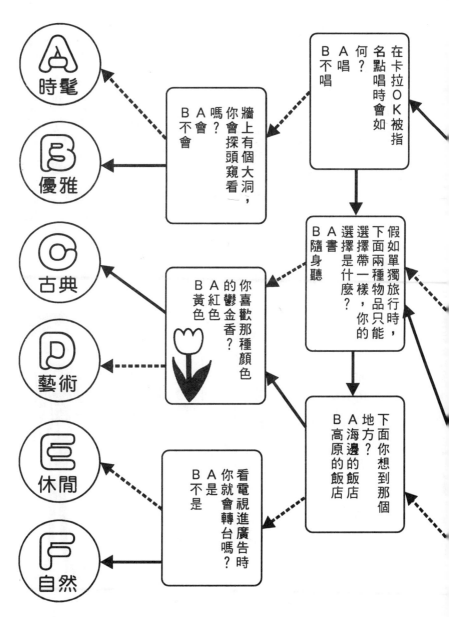

Advice Chart

「關切」趨向須知

A 時髦型

對於新事物總是趨之若鶩，喜好追求流行，跟隨時尚，而且善於交際，不論和誰都能打成一片。旅行時也能馬上結交到新朋友。

會時時關注電視與雜誌的熱門話題，而且能注意朋友們所穿帶的珍貴物品，周遭的人對於你的資訊豐富與獨家資訊，總感到十分驚訝。

B 優雅型

你總給人有智慧、優雅且高尚的印象。不愛趕流行，對於服飾，不喜歡寬鬆而較偏愛合身的剪裁。

喜歡冷靜思考，討厭只憑直覺或臨時衝動而行事，有時對於太過平凡的舉止也會有所抵抗。

C 古典型

不覺得新的事物有意思，而對有古意的東西感興趣，若沒有歷史價值就不覺得安心。同時，樸素無所謂但要有高雅的品味，喜愛穿著旗袍，性情也較傳統、保守些。

D　藝術型

是個有美感，討厭平凡，是有個性的人，最厭惡中規中矩，想嚐試別人沒做過的事。

很懂得表現自我，無論到那裏，總是很凸出而引人注目。

E　休閒型

討厭古板嚴肅，酷愛自由奔放、輕鬆生活的人。是個樂天派且有即時行樂的想法。

服裝方面，討厭正式的服飾或制服，喜歡休閒且合身的衣服。

F　自然型

喜愛大自然，討厭過都會生活，希望能在山間或海邊過日子，愛好戶外活動的人。食物方面不會喜歡高級的法國料理，偏愛自助餐。

凡事我行我素，最注意自我感受，連妝扮也覺得適當就好，且自認為以自然的臉示人，才會覺得自己是最真實的。

第6章 性的關切、異常度須知

因性格差異，嗜好亦不相同

其實並非俊男與美女的結合，就一定能有美滿的性生活。即使男女在身高、體重與活力都具備理想條件，如此的結合也未必能得到性的喜悅。或者去學習各種姿勢，以為如此便能有幸福的性生活，其實不然。

想要得到性的歡愉，注重「精神的滿足」則有著理論無法解釋，不可思議之作用。所以了解性心理，是重獲性喜悅與愛的真諦之鑰。

以發表『性慾與個性』一書，而成為熱門人物的英國心理學家愛森克博士曾說：表達性慾的方式和個性有著強烈關係，而對性的反應方法與嗜好，也會反應在日常瑣事上。

隱藏於內心的性意識

在思考性或性意識時，最困難的便是隱藏於心中，不表露於外的精神面。有時看似漠不關心，但當慾求不滿或慾望爆發時，會以異於常態的變態方式表現。後來，愛森克博士將性慾與性格結合所做的分析結果，仍有許多引人矚目的大發現。

個性外向的人會比內向的人，多出一倍的性愛次數，而且是男女皆同。另外，外向的女性會比內向的女性容易達到高潮。

個性內向的男女，會較嚴肅看待關於處女或童貞的問題，對於肉體的慾念也有較強的自制力。

性是兩心合一的喜悅

關於性慾的滿足，對某些人而言，次數頻繁才能達其強烈的要求。但對於某些人而言，這並非大問題。愛森克博士發現，在性的喜好方面與自我性格有著相當密切的關係。

通常當彼此心靈相通時結合，能提升性愛的喜悅，而且能由性愛中得到精神層面的滿足。

關於性慾的滿足度，並非僅是肉體層面而已，心理需求亦占有相當的部分。所以了解內心之傾向，必能發現合乎自我個性「幸福的性行為」。

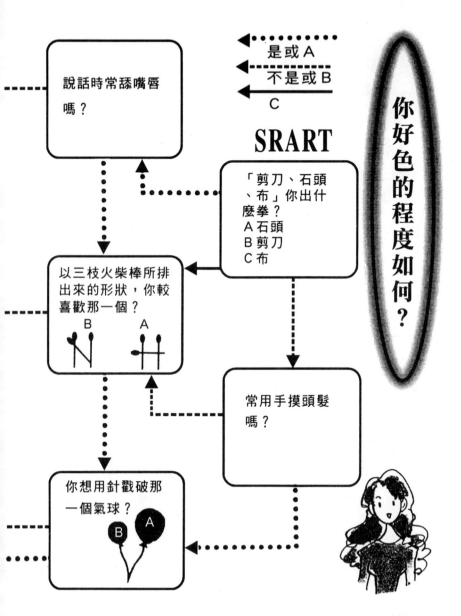

你好色的程度如何？

是或A
不是或B
C

SRART

「剪刀、石頭、布」你出什麼拳？
A 石頭
B 剪刀
C 布

說話時常舔嘴唇嗎？

以三枝火柴棒所排出來的形狀，你較喜歡那一個？

常用手摸頭髮嗎？

你想用針戳破那一個氣球？

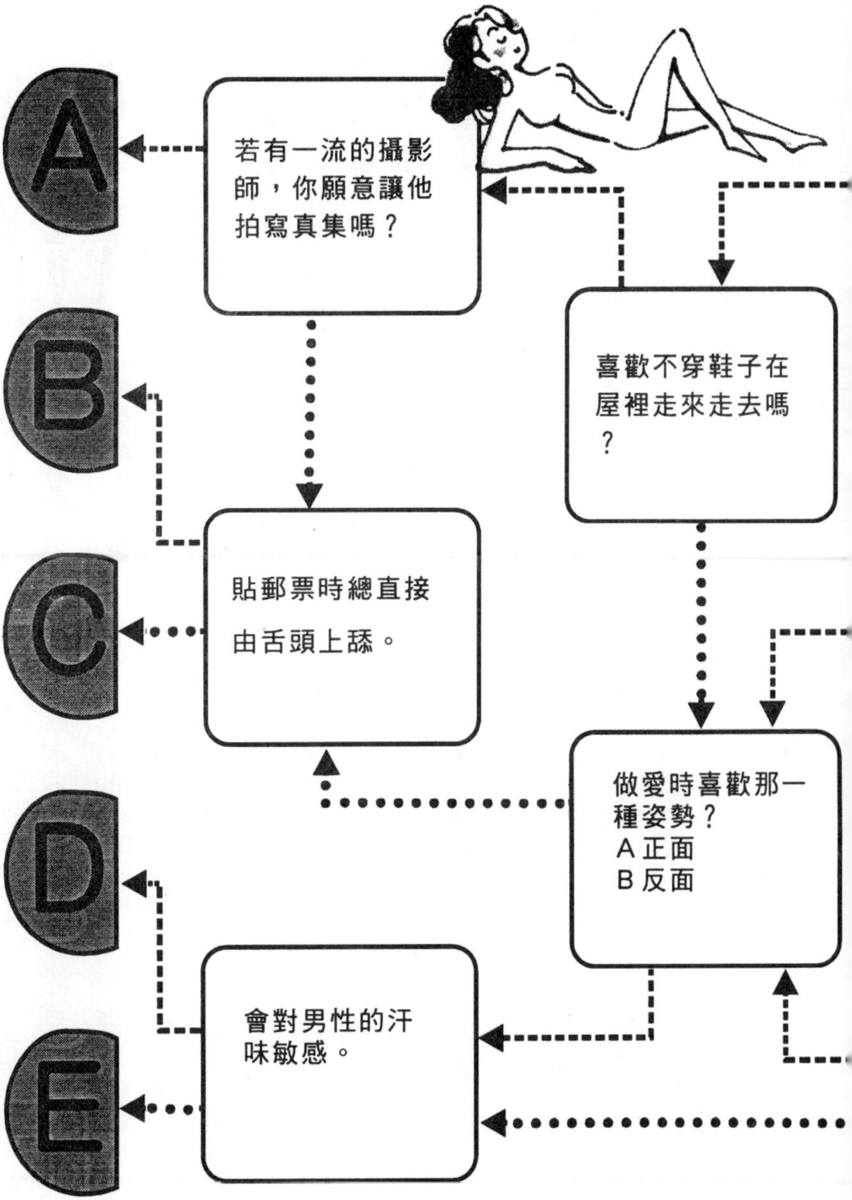
A
B
C
D
E
若有一流的攝影師，你願意讓他拍寫真集嗎？
喜歡不穿鞋子在屋裡走來走去嗎？
貼郵票時總直接由舌頭上舔。
做愛時喜歡那一種姿勢？
A 正面
B 反面
會對男性的汗味敏感。

依好色程度判斷類型

A 好色度十%以下——修女型

將好色看成是令人厭惡且不潔的行為，不重視身體的結合，但卻把心靈契合視為第一考量。有人不想在婚前有性行為，對於交往的對象亦有相同之要求。

B 好色度三十%——千金小姐型

稍有潔癖，不會想有肉體關係的人。起初，連牽手都會感到難為情。但會因男性領導有方，而有令人驚訝的轉變，變得好於性愛。

C 好色度五十%——普遍型

原本不會太沈醉於性愛的人，會因對對方的了解加深，信任彼此，自然而然想親密的次數會比往常頻繁。

D 好色度七十%——變色龍型

表面上是個對情色漠不關心的清純少女，可是心裡想的卻都是性愛。因為平時壓抑的心態，一旦當天氣氛不錯，有時就會無所顧忌。

E 好色度九十%——野獸型

是最好色的人，有時會感到慾火焚身，即使明知不能和那人交往，但仍會失去控制而陷入意亂情迷中。同時，不喜歡受人主導，而想自己控制場面。

Test 為了使性愛更美好？

❶夜晚曾有作惡夢，而睡不著的經驗嗎？

❷你想拿那一個氣球？

(A)紅色氣球

(B)藍色氣球

❸你看圖中這個人，是正在爬樹或是正要從上面下來？

❹常夢見在空中飛嗎？

❺睡覺時，會習慣抱著枕頭入眠

❻吃玉米時從中間開始吃。

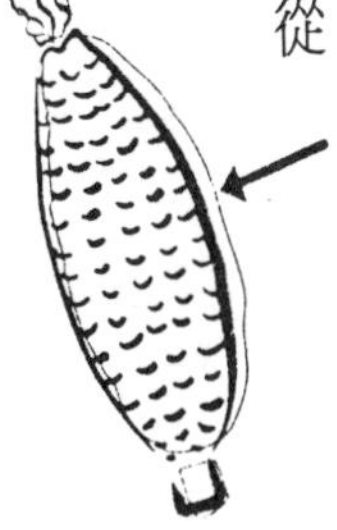

❼看電視若進廣告就會轉台。

❽洗澡時會先淋浴後，再進入浴

缸。

❾有人在揮手，你想她正在和對方道別嗎？

(A)道別

(B)見面

❿你想這火車正要進入隧道嗎？

⓫如果接受親吻，不喜歡被親在唇上而喜歡被親在頸部。

⓬喜歡雙人床，或者喜歡睡在雙人床上嗎？

⓭喜歡夏天勝過春天嗎？

⓮這個太陽現在正要沈下去嗎？

⓯喜歡按摩。

⓰你認為這瓶果汁罐中會有果汁嗎？

⓱這三種男性的嘴型，你最喜歡(B)的嘴型嗎？

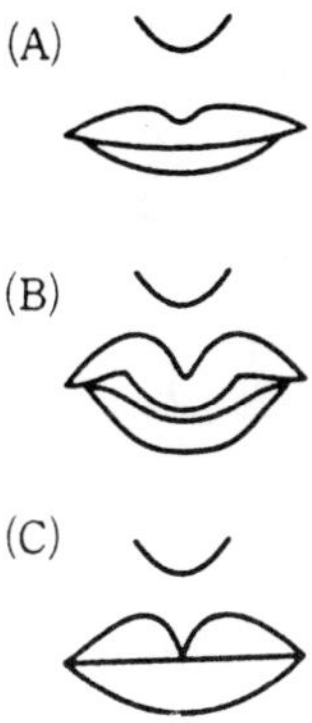

⑱對自己的臉型，喜歡正面勝過側臉。

⑲旅行時不愛坐飛機而喜歡坐船。

⑳這三個圖型中，你最喜歡(C)的圖案嗎？

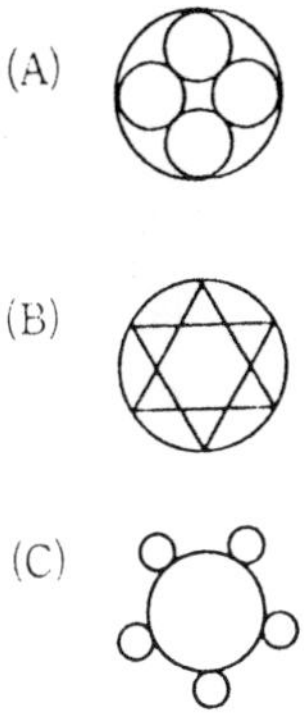

㉑在擁擠的電車裡，有遇過色狼嗎？

㉒遇到色狼時，因看到對方長相正是自己喜歡的類型而放過他嗎？

㉓請看鏡子，嘴的線條是否在由雙眼瞳孔畫下來的直線內。

㉔內衣以白色居多。

㉕美容師男的比女的好。

㉖覺得自己的體毛比較茂密。

㉗最近剛改變了髮型。

㉘指甲總修剪得很短。

㉙假定要替你做臉部整型，你會要求整型眼睛。

㉚你會喝你情人喝剩的水嗎？

㉛在狹窄的走廊或階梯上與人擦

身。你會讓對方先行嗎？

㉜你較喜歡那種敷面劑？

(A)泥土。

(B)鼻子部位的毛孔。

㉝在街上看見昔日男友，你會和他寒暄嗎？

㉞生理期時，在他的要求下你仍會跟他做愛嗎？

㉟現在周遭讓你很討厭的人超過三個以上嗎？

㊱當你肚子感到不舒服時，卻受邀參加晚宴，你仍不會拒絕。

㊲在十字路口，若遇上紅燈卻沒車子的情況，你會通過。

㊳若被警告時，會很生氣而想加以反駁。

㊴在電視上觀看運動競賽時，會大聲加油！

㊵想翹課時，能隨時想出很好的理由。

㊶如果有輪迴，來生就不想再做人。

㊷自己保有很多不可告人的秘密。

㊸很喜歡不買東西，純逛街。

㊹初吻是發生在高中時期。

㊺其實，很喜歡在鏡子前欣賞自己的裸體。

㊻這個圖形，你看成什麼？

(A)花瓶。

(B)二人的側臉。

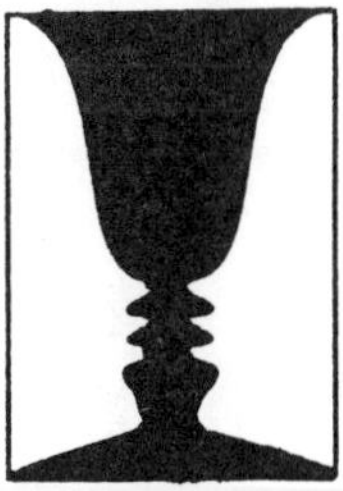

47 喜歡以下那一個圖形？

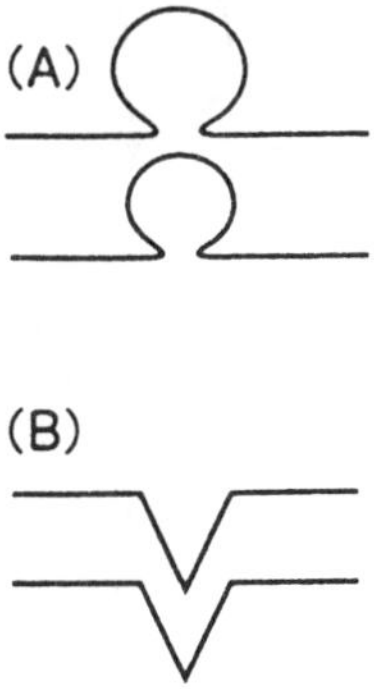

48 你想蛇會攻擊那一方？

(A)兔子。

(B)青蛙。

49 看左手掌上中指與無名指之間的橫紋，有否超過五條以上？

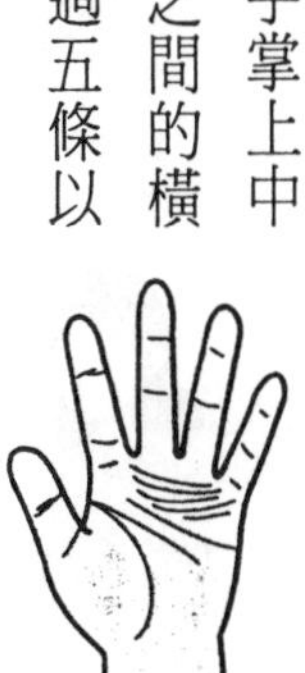

50 如果可以變成動物，你較想變成那一個？

(A)鹿　(B)獅子

51 如果把繩子剪斷，你想會如何？

(A)瓶子破了　(B)瓶子站在地上

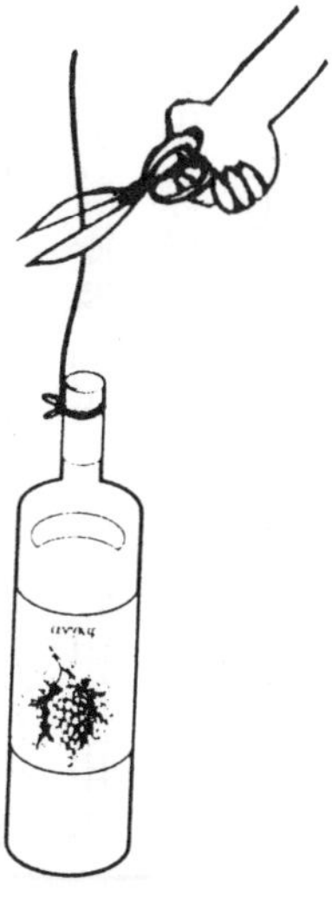

52 你覺得那一位男生比較快樂？

(A)左擁右抱的男生。

(B)和情人相擁的男生。

53 你有沒有染過頭髮，或曾有此念頭？

54 洗澡時，是先洗臉或頭髮嗎？

55 電梯裡，只剩自己和情人時，被親吻也無所謂嗎？

56 高中時期，很討厭穿制服。

57 圍牆上有洞，會想去窺視嗎？

58 關於避孕的方法，覺得使用藥物會比用保險套好。

59 在卡拉OK裡，若自己在唱歌時其他人都在看歌本找曲子，就會覺得不高興。

60 你覺得他們二人的手是如何？

(A)牽手　(B)提著行李

計分

YES的數目或(A)的數目，總計有幾個？

0～5個	好處❶	30～35個	壞處❺
6～11個	好處❷	36～41個	壞處❹
12～17個	好處❸	42～47個	壞處❸
18～23個	好處❹	48～53個	壞處❷
24～29個	好處❺	54～60個	壞處❶

你有得到好處嗎？

好處❶

對你而言，性行為就好比是做運動。心情煩躁時，做愛能使你心情變開朗而且更有朝氣。所以，性愛是超乎想像的能使你更美麗，更健康。

好處❷

因為性愛而使身心更有活力的人。只要想到「和他做愛」就會精神奕奕，而且會要求自己更長進。靠著性愛而磨鍊出過去所沒有之魅力。

好處❸

依靠好好帶領你的人，或是充滿愛情的性愛，能使身心都具備活力。但若有因性行為而感到厭惡的經驗，會終身難忘。

好處❹

若發現了性愛的喜悅，就會有驚人轉變的人。也許會覺得世界變了似的。但要發現親密的快樂或找到適合自己的性愛模式，則需要花較長的時間去摸索。

好處❺

早期可能還不知道性愛的好感，或得不到什麼效果，但在逐漸成長中，會發現自己的魅力所在。且因經驗之累積，精神上會較身體有更大的成長。

壞處❺

也許沒有明確損失的情況，但卻不會因性愛而變得更美麗或是體態有所改善，可能是仍不會享受性愛的樂趣，而將熱情投入其他的活動中，造成朝夕奔波的現象。

壞處❹

剛開始並沒有什麼損失，但對性生活反應冷淡，若是情人太熱衷於性愛，那就麻煩了。如果沒能明確拒絕而是一味順從對方的要求，就要吃大虧了。

壞處❸

也許平時還有自制能力，但若在享受性愛時就會放鬆而無法自我控制，因此而吃虧。如果對方是好人還沒關係，若對方是壞蛋那就慘了。

壞處❷

關於性愛的歡愉，總追求愈來愈刺激的性行為。是個無法滿足於一成不變性行為的人。會因此而吃虧，或者會以性愛做為評斷情人的標準。

壞處❶

在性愛中會判若兩人，會因過度興奮而喪失冷靜思考的能力。性行為愈多就愈迷亂，雖然自知須要稍加節制，但卻仍會在性愛中無法自拔而吃虧。

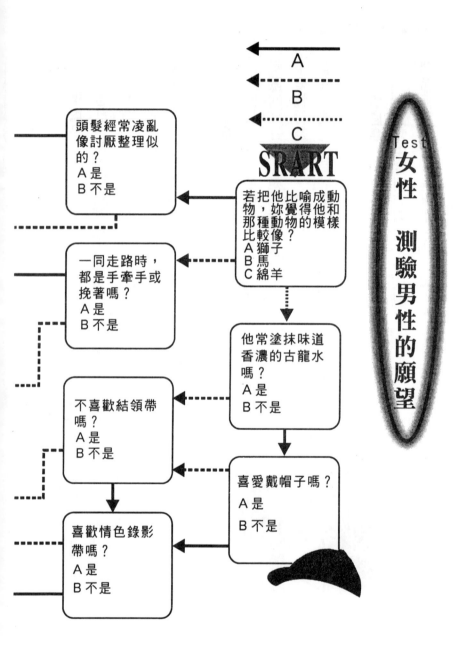

Test 女性 測驗男性的願望

A（實線）
B（虛線）
C（點線）

SRART

若把他比喻成動物，妳覺得他和那種動物的模樣比較像？
A 獅子
B 馬
C 綿羊

頭髮經常凌亂像討厭整理似的？
A 是
B 不是

一同走路時，都是手牽手或挽著嗎？
A 是
B 不是

他常塗抹味道香濃的古龍水嗎？
A 是
B 不是

不喜歡結領帶嗎？
A 是
B 不是

喜愛戴帽子嗎？
A 是
B 不是

喜歡情色錄影帶嗎？
A 是
B 不是

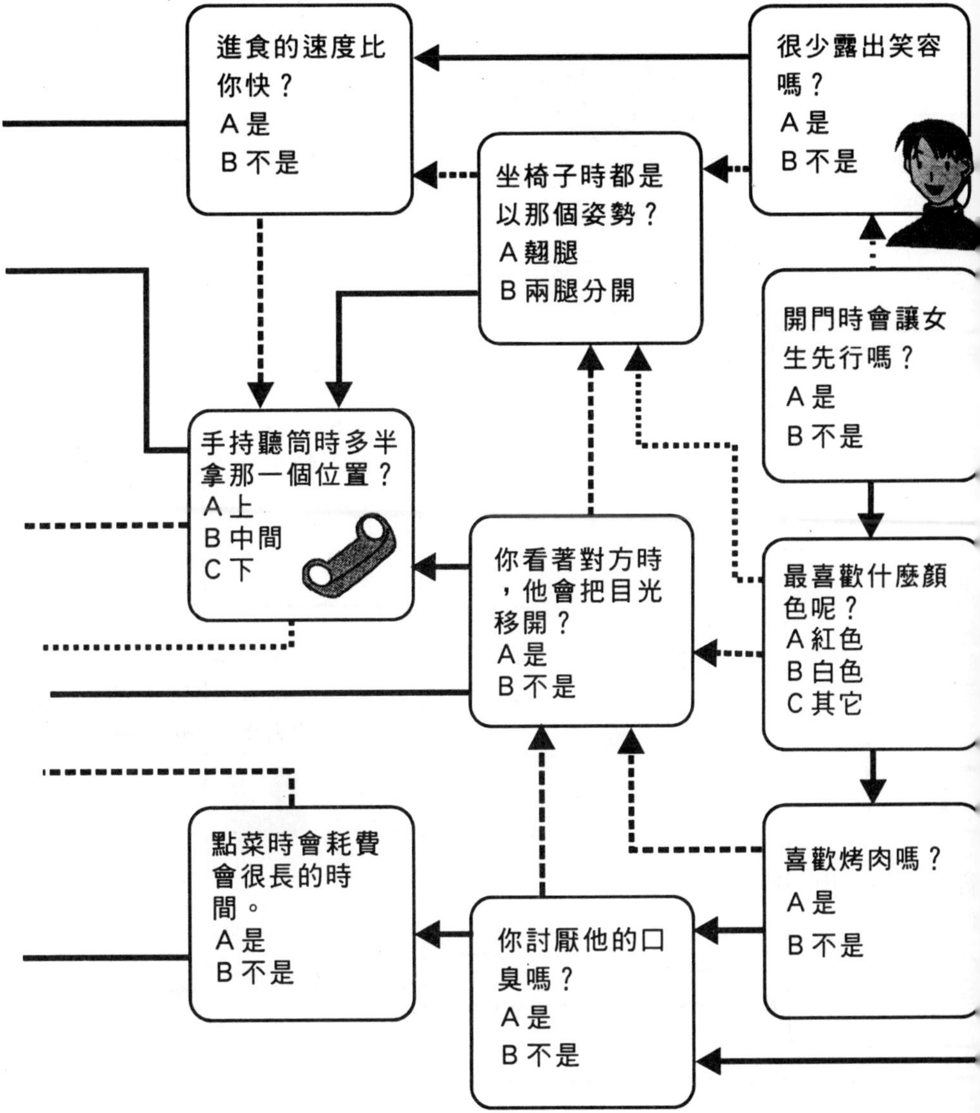
很少露出笑容嗎？ A是 B不是
進食的速度比你快？ A是 B不是
坐椅子時都是以那個姿勢？ A翹腿 B兩腿分開
開門時會讓女生先行嗎？ A是 B不是
手持聽筒時多半拿那一個位置？ A上 B中間 C下
你看著對方時，他會把目光移開？ A是 B不是
最喜歡什麼顏色呢？ A紅色 B白色 C其它
喜歡烤肉嗎？ A是 B不是
點菜時會耗費會很長的時間。 A是 B不是
你討厭他的口臭嗎？ A是 B不是

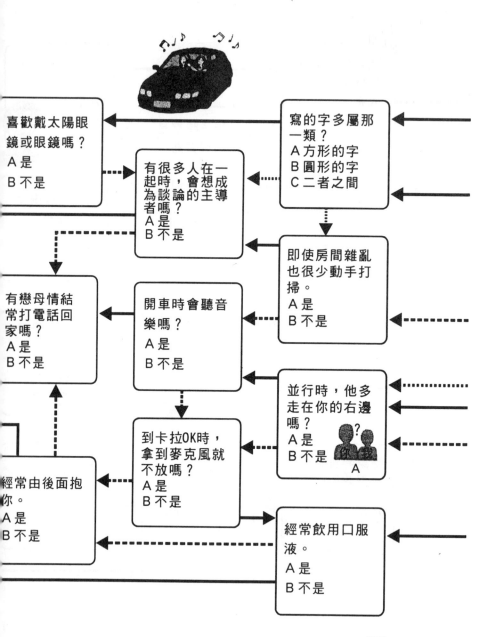

寫的字多屬那一類？
A方形的字
B圓形的字
C二者之間

即使房間雜亂也很少動手打掃。
A是
B不是

並行時，他多走在你的右邊嗎？
A是
B不是

經常飲用口服液。
A是
B不是

有很多人在一起時，會想成為談論的主導者嗎？
A是
B不是

開車時會聽音樂嗎？
A是
B不是

到卡拉OK時，拿到麥克風就不放嗎？
A是
B不是

喜歡戴太陽眼鏡或眼鏡嗎？
A是
B不是

有戀母情結常打電話回家嗎？
A是
B不是

經常由後面抱你。
A是
B不是

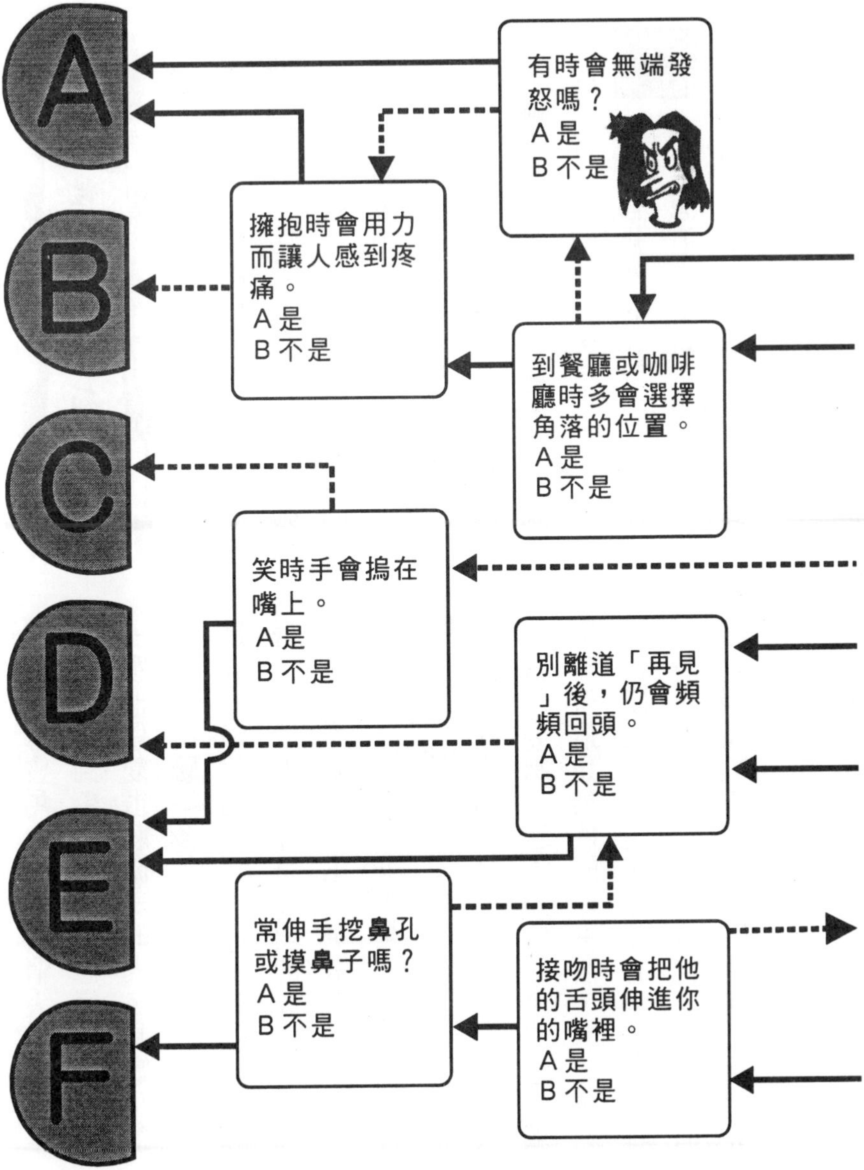
A
B
C
D
E
F
有時會無端發怒嗎？
A是
B不是
擁抱時會用力而讓人感到疼痛。
A是
B不是
到餐廳或咖啡廳時多會選擇角落的位置。
A是
B不是
笑時手會搗在嘴上。
A是
B不是
別離道「再見」後，仍會頻頻回頭。
A是
B不是
常伸手挖鼻孔或摸鼻子嗎？
A是
B不是
接吻時會把他的舌頭伸進你的嘴裡。
A是
B不是

性愛慾望須知

A

討厭聽從情人的意見，這想法在性愛方面表現尤其強烈。有所慾求時，全然不顧慮對方的感受，只是霸王硬上弓。

做愛時無論女性滿足了沒，只要自己痛快後，就顯得對凡事漠不關心，不會說些貼心話，且把對方看成是多餘並礙手礙腳的人。

B

有強烈的好奇心，在性方面也想追求更新更刺激之變化的人。無論在電視或雜誌上所學到的知識，都會馬上應用於情人。所以常使女性感到驚訝，而這想使女性覺得「跟他做愛很刺激」的人，其實是很純潔且體驗不多的。對性愛很好奇，是個「好色之徒」。會常借色情錄影帶，腦子裡也都是性愛的問題。但面對他所喜愛的女生卻是很客氣。

C

普遍姿勢型。在人際關係或個性上是個很認真的人，重視固定的生活模式。性愛方面也要求正常的姿勢，若不如此就無法達到滿足，但這類男性的性生活，會有緩和日常壓力的作用。即使心情煩悶或難過時，在性愛之後便會判若兩人，而展現開朗的心情，若對這樣的男生要求嚐試不同的姿勢，則有被他誤以為是風流女性的危險。

D

對於性愛較冷淡的人，和這類男性交往比較辛苦。因為他們只需要和女生聊聊天就滿足。也許勉強會有性行為，但反應並不熱烈。對性有著稍感恐懼的心態，但這類男性有時卻因交往的對象而像變了個人似的，有了極大不同。與其說他厭惡性愛，不如說是對性的喜好較挑剔的人。若是和自己心愛的人一同體驗到性愛的刺激，就會有大轉變。

E

也許他對應付女性已感到麻煩，或有深感厭惡的體驗下，已有厭煩女性身體的傾向，因此不想再惹麻煩，而寧可選擇自慰來求得歡樂。不要把自慰的男生看成是怪人，試著當它是種情愛的表示，就會轉為研究如何讓男性轉而接受女性。

其實他會想順從女性，但怕被對方看不起，而且對做愛技巧沒有自信，所以若在女性的帶領下，能發揮較大的力量。

F

喜好變態的性愛。關於人生與日常生活酷愛追求刺激與變化的他，在性愛方面厭惡平凡，而愛挑起兩人對性的喜好。如果曾體驗過性虐待的滋味，便會上癮且不斷追求，但對於沒啥反應的女生就沒有興趣啦！

兩人尋樂的心理測驗

對於男性的測驗

他的類型

❶他的血型是B型嗎？ (A)
❷他是長男嗎？ (B)
❸他是獨生子嗎？ (C)
❹他很會唱歌嗎？ (D)
❺他雙眼都是單眼皮嗎？ (C)
❻妳覺得他的額頭比別人寬嗎？ (C)
❼耳朵的大小比鼻子更長嗎？ (A)
❽走路的速度很快嗎？ (A)
❾眉毛很亂或有斷眉嗎？ (B)
❿會偏食嗎？ (C)
⓫挖鼻孔是用小拇指嗎？ (D)
⓬眼尾的部位有痔嗎？ (D)
⓭兩人並行時他都走在你的右側嗎？ (B)
⓮他多半會擦古龍水嗎？ (E)
⓯牙齒排列不整嗎？ (E)
⓰若把他比喻成動物會是像狐狸嗎？ (D)
⓱常使用行動電話嗎？ (C)
⓲約會時很少遲到嗎？ (B)
⓳說話時，常用手摀住嘴巴嗎？ (E)
⓴有時生氣時會很恐怖嗎？ (B)
㉑愛說話，會插嘴搶話說嗎？ (A)
㉒熱愛各種運動嗎？ (B)

㉓說話的聲音很小嗎？ (E)

㉔滴酒不沾嗎？ (C)

㉕約會時自己遲到了，他會生氣嗎？ (B)

㉖把手錶戴在左手嗎？ (C)

㉗有戴眼鏡嗎？ (D)

㉘右手的大拇指比別人粗嗎？ (A)

㉙握手時會用力嗎？ (A)

㉚笑聲會很大嗎？ (A)

㉛拿茶杯時會翹起小拇指嗎？ (E)

㉜走路時手會輕握成拳頭嗎？ (B)

㉝愛結華麗的領帶嗎？ (E)

㉞道別時會頻頻回顧嗎？ (C)

㉟妳生日時，有否送妳禮物呢？ (D)

㊱喜好占卜，會看電視上的每日運勢嗎？ (E)

㊲好像朋友沒有幾個。 (D)

㊳是下午比上午有活力的人嗎？ (C)

㊴喜愛甜食嗎？ (D)

㊵時常嚼口香糖嗎？ (A)

㊶時常讀書嗎？ (D)

㊷沈迷於個人電腦嗎？ (C)

㊸按門鈴時老用食指以外的指頭嗎？ (D)

㊹假定要握妳的手指頭，會握「小指」嗎？ (E)

㊺想笑時，會大聲笑出來嗎？ (A)

㊻對老年人會很體貼嗎？ (E)

㊼生氣時就會不說話嗎？ (B)
㊽手很大嗎？ (A)
㊾臉是屬於細小型嗎？ (E)
㊿找錢時，他會再確認一下嗎？ (B)

對於女性的測驗 她的類型

❶石頭、剪刀、布、第一個想出什麼？ (B)
❷想在右手無名指上戴戒指嗎？ (D)
❸不服輸嗎？ (A)
❹食指上有戴戒指嗎？ (B)
❺最討厭受人指使嗎？ (B)
❻一大早就很有朝氣嗎？ (A)
❼三個人一塊拍照時，會想站在中間嗎？ (B)
❽紅色與藍色，比較喜歡紅色嗎？ (A)
❾左右兩眼的大小不同嗎？ (D)
❿食指的紋路是呈「漩渦狀」嗎？ (B)
⓫喜歡貓咪勝過狗嗎？ (C)
⓬吃拉麵時會先喝湯嗎？ (C)
⓭不喜歡借錢買房屋嗎？ (C)
⓮喜歡淡色的口紅嗎？ (D)
⓯有時在眾人之前會不覺得咬指甲嗎？ (B)
⓰眉毛是亂的嗎？ (D)

⑰若氣象報告會下雨，即使是晴天也會帶著傘嗎？(C)

⑱很愛算命嗎？(E)

⑲喜愛秋天勝過春天嗎？(E)

⑳吃火車便當時會把喜愛的食物留到最後吃嗎？(C)

㉑對人好惡分明嗎？(D)

㉒拿咖啡杯時會翹起小指嗎？(E)

㉓遇到困難時會馬上找人商談嗎？(C)

㉔握拳時大拇指會露在外面嗎？(A)

㉕若用顏色來比喻你的心情，現在是「藍色」嗎？(E)

㉖五隻手指頭裡，最喜愛大拇指嗎？(A)

㉗在嘴巴附近有很顯目的痣嗎？(D)

㉘乘車時，會緊握扶手嗎？(C)

㉙台北——高雄，會想坐飛機而不想搭火車嗎？(B)

㉚較適合留長髮嗎？(D)

㉛晚上睡覺時會聽音樂嗎？(E)

㉜有沒有曾被選做班長呢？(A)

㉝有競爭對手時，鬥志會格外高昂嗎？(A)

㉞曾發生討厭的事而難以忘懷嗎？(E)

㉟找零錢時會再次確認嗎？(C)

㊱拿電話聽筒時，會握在下

端嗎？　(B)

㊲會想減肥嗎？　(D)

㊳認為命運是不可抗拒的嗎？　(C)

㊴房間裡有否裝飾著自己所喜愛的圖畫呢？　(E)

㊵想獨自去旅行嗎？　(E)

㊶對於美容方面，不會花費太多錢是嗎？　(A)

㊷「壽司」裡最偏好鮪魚肚壽司嗎？　(A)

㊸小指上戴有戒指嗎？　(E)

㊹每月都會固定存一筆錢嗎？　(C)

㊺喜歡寫書法或寫信嗎？　(D)

㊻等人時會抱手臂於胸前嗎？　(E)

㊼下輩子會想當男生嗎？　(A)

㊽無名指與食指相比，食指比較長嗎？　(B)

㊾和相愛的人約會時，在餐廳勝過公園嗎？　(D)

㊿覺得自己的嘴型略大嗎？　(B)

診斷　男性的個性

在各題測驗裡「YES」的數目，於(A)~(E)的框框中著色。

	(A)	(B)	(C)	(D)	(E)
1個					
2個					
3個					
4個					
5個					
6個					
7個					
8個					
9個					
10個					

A型（(A)較多的人）……拇指型的人。有自尊心與魄力，自我意識強且不服輸。表面看似很隨和，其實很頑固，不願改變自己的想法。因此工作上會和前輩或同事意見相左，而常有不愉快的感受。談戀愛亦是如此，因太過自我、而不想妥協，自己的看法若不被接受，就會反彈。因為過於強勢而使女性覺得受擺佈，進而心生不安全感。

B型（(B)較多的人）……食指型的人。積極、能幹且有行動力，會往自己的目標努力前進的人。但是愛出風頭，閒不下來。

會懷抱著遠大的理想與夢想，是屬於領導者型，受周遭的人所推崇，能發揮自我之實力，工作上亦能得到同事與上司的信賴。

C型（C）較多的人。或二欄以上最多YES數相同者）……中指型的人。平凡且諸事皆願嚐試，有順應力又認真的人。不會追求華麗而一面採取他人意見，一面行動。對於情感很能自判，但有時會因過度猶豫而喪失好機會。

是個理性與感性能平衡的人，但因過於偏愛講理，或以安全至上的態度，給人一種平淡刻板的印象。本來僅是逢場作戲卻會認真看待，而且有被已婚女性誘惑的危險。

D型（D）很多的人）……無名指型的人。有高度的美感，會注意到他人不在乎的地方，很有構想，對於流行的事物能善加採用，且能發揮自我才能的人。容易一見鍾情，始亂終棄是他的缺點，討厭平凡的愛人或被愛，嚮往高潮起伏的戀情，易受各種女性所吸引或有著花花公子的言行，一旦有過刺激的體驗，就會停不下來。

E型（E）很多的人）……小指型的人。情緒多變，是個容易煩躁或不安的人。因為情緒變化快，熱衷時原本志氣高昂，一旦喪失自信，就會立刻顯得很沮喪，是個浪漫的理想家。

喜愛幻想，卻無法與現實調和，若是連續受到挫折就會極度失去自信，卻不失一顆親切又溫暖的心，會放下手邊事去照料別人，尤其對最愛的人有奉獻自我的情操，而鬧情緒則是他最大的缺點。

解說　女性的個性

在各題測驗裡「YES」的數目，於(A)～(E)的框框中著色。

	(A)	(B)	(C)	(D)	(E)
1個					
2個					
3個					
4個					
5個					
6個					
7個					
8個					
9個					
10個					

A型（(A)較多的人）……拇指型的人。是個不拘小節，很爽快的人，即使有擔心的事，仍會抱著「明日憂來明日愁」的心態而不在乎。性情從容又會關心別人，所以，無論男女都會很信任妳。有時受人拜託，會因同情而接受所有的請託，但這慈祥的心就是妳魅力的所在。

可是母性過強，就易使情人太過依賴，愈相愛，愈讓男人依賴性更高，不能沒有妳。

B型（(B)很多的人）……食指型的人。有自我意識，會積極主張自我意見的人，不會因過度顧慮他人而自尋煩惱，性格豪爽且行動積極，是眾人佩服的對象，最適合做為集團領導者，但過於熱絡的社交活動會招至「愛出風頭」的惡評，但妳會斥之「無聊」而不予理會。

雖然想成為「惹人憐愛的女生」但不知不覺中仍會變成一個女強人。

C型（C）很多的人，或二欄以上最多YES數相同者）……中指型的人。不愛出風頭或與眾不同，是個循規蹈矩的人，不會表露自己的情緒，即使開心或悲傷都不會表現出來，因此易被認為是個索然無趣或好於說理的人，但其實會細心觀察周邊的事物，而有自己明確的見解。

但在戀愛中情感的交流，是很重要的，所以會因不善於傳情達意而受人誤解或吃虧。

D型（D）很多的人）……無名指型的人。是個很感性的人，比別人還不願去正視人世間醜陋或厭惡的一面，總像生活於夢境般。

很嚮往婚姻或戀愛。會一頭栽進愛河中，一見鍾情後就積極經營戀情，有為了戀愛而戀愛的傾向。不太會觀察對方的為人，甚至把情人偶像化，可是一旦發現對方令人討厭的一面，戀情就會急轉直下。

E型（E）很多的人）……小指型的人。十分信任他人，是非常純真的人，悲傷時由衷的流淚，開心時打從心裏高興，像孩子般天真的性格是其最大的魅力。

遇到困難就會想找人幫忙，如此依賴的個性，對男生而言，是很可愛的地方，即使無理取鬧也會被接受，但若不稍加節制便會遭受同性間責難的眼光，即使會受到男性的爭寵，但卻會是女伴間排拒的對象。

會成為如何的配偶呢？

二人是屬於那一型呢？

將二人的結果依下的性向表做結合。

女＼男	拇指	食指	中指	無名指	小指
拇指	A	A	B	D	D
食指	A	B	B	E	E
中指	A	B	B	C	C
無名指	D	D	C	F	F
小指	D	D	C	F	F

解說

組合模式

A型……彼此都很活潑，很少意興。心靈相通而且目標相近時兩人會很契合，但若意見相左，或對彼此不信任時，便會爆發激烈爭吵，引而厭惡對方。是合與不合，落差甚大的一對。

B型……會熱烈追求夢想與願望，無法滿足於平凡的生活，是一對開朗且活潑的組合，會因互相了解對方的心而彼此激勵。即使面對厭煩或困難，兩人也會一同克服而超越。在經年累月的相處後，會因對彼此更了解而默契更高，是很理想的一對，也因為金錢觀相近而有很好的財運。

C型……情緒多變，有時很開心，有時卻對情人感到不滿而煩躁生氣，彼此易因不了解而心生懷疑。但會因一見鍾情愛上對方後，就無法離開彼此。即使常有紛爭，卻仍不願分離的一對。

D型……是彼此依賴又會相互撒嬌的一對。明知不能過度依賴，但仍會如此，有著很佩服對方積極與勇氣的心態，或者沒得到對方的支持就會深感不安。尤其發生一連串麻煩事時，對方就成了自己心上唯一的寄託。

E型……是由女性來領導，是所謂女生至上型的一對。可是被男性依賴，有時會感覺對方太消極而心生不安全或不滿。可是遇到困擾時，女性的判斷與行動力就會發揮出來。對女性而言，這樣的男生太不可靠，可是有時遇上重要關頭，柔弱的男人也會有驚人的舉動。

F型……經常都以夢幻的心態來彼此相愛的一對。浪漫至上，似乎相互注視就能了解彼此一般。但卻容易互相傷害，若看見情人稍對自己以外的異性有好感，就會因嫉妒而抓狂。

第7章 癖好所顯示之內心秘密

遭逢海難男子之命運……

有一個男子乘坐竹筏，獨自在海上漂流。你想他的後果會如何？請依直覺選擇與你想像最接近的答案。

A **被經過的船隻救起**
B **依己力找到島嶼登陸**
C **被直升機所搭救**
D **繼續漂流然後餓死**
E **成為鯊魚的食物**

要使這男子的未來變好或變壞之關鍵在於你，經由想像這結果可測試你「心眼之好壞」還有想施虐他人之程度。一般而言，給好結局的人，人際關係大都良好，給爛結局的人，多是處在不滿或壓力大之狀態。

A **被經過的船隻救起**

（壞心眼度十％）對於一切事物總順其自然，不會過於牽強，在有限的條件裏全力以赴，因為不會苛求他人，所以人際關係上總受人仰慕而有許多好伙伴。

B　依己力找到島嶼登陸

（壞心眼度三十％）溫和又親切，重視倫理，對他人表以真誠的關懷，但卻也期待對方能回應以相同之善意，則是其缺點所在。因為比別人重視和諧與信賴，所以自己的期望若被辜負了，就會很快陷入沮喪之中。

C　被直升機所搭救

（壞心眼度五十％）不喜歡受人指使或批評別人，寧可互不相干，是個愉快且值得信賴的人，但若對方未能達到自己的期望時，就會爆發內心的不滿。

D　繼續漂流然後餓死

（壞心眼度七十％）不會把內心的想法表現出來，愛虛張聲勢，希望給對方一個好印象，但卻會在背後偷偷惡作劇，實在是令人難以捉摸。

E　成為鯊魚的食物

（壞心眼度九十％）總以為自己能站在他人的立場思考，但仍無法排除「就我而言，當然如此」的想法，同時會執著於上下關係，而易找部屬出氣。

一棵樹苗成長以後……

深層心理測驗篇

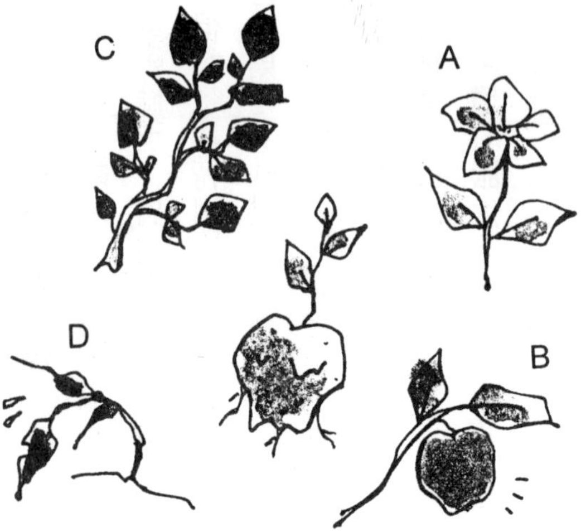

朋友送你一棵樹苗，是你從未見過且不知名的品種，然而你想樹苗長大後會變成如何呢？請依直覺由以下做選擇。

A 開滿美麗的花朵
B 結滿美味的果實
C 長滿茂密的枝葉
D 長大前就枯死了

本問題是測驗你對性愛的期待，樹木長大後的形象，顯示你在潛意識裡對性愛所懷有的理想。或可了解你對性的需求為何。

A 開滿美麗的花朵

想像開花的你，是將性視為是美好且浪漫的行為，在性愛方面，重視精神的結合勝過肉體，其實這並無不好，只是若把性事過於美化，要小心有被情人敬而遠之的傾向。

B　結滿美味的果實

想像會長滿實際「果實」的你，認為肉體的歡愉才是性愛的意義所在。實際上，在性愛方面有量重於質的傾向，此類的人，直接應情人對性愛的要求，才能得到最愉快的性體驗。

C　長滿茂密的枝葉

認為「長滿茂密枝葉」則意謂著想推翻依靠而尋求安定。選擇此答案的人，多是執著於婚姻，或以婚姻為前提才有性行為。因把性愛看得過於嚴肅，而易使對方因恐懼而保持距離，但若是以結婚為前提下，在性愛方面就會很大膽。

D　長大前就枯死了

能以冷靜態度觀察事物的你，在性愛方面亦會理性區分「愛與性」的差別，不認為性是延續情感的方式，會順應熱情的驅使，而沈醉於性愛之中，若能和同類型的異性結合，必能得到最佳的幸福。

如何解開米開朗基羅的維那斯之迷？

深層心理測驗篇

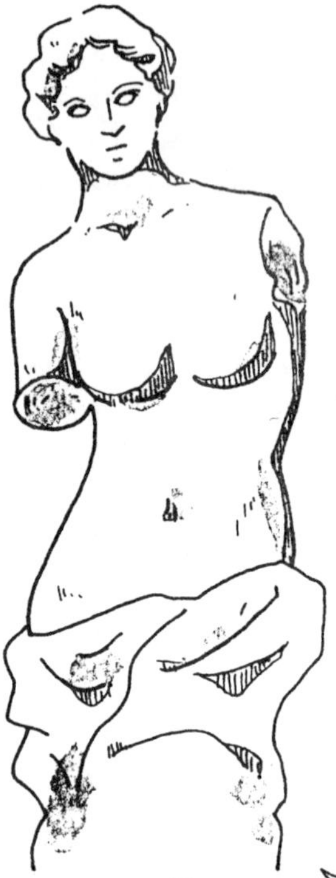

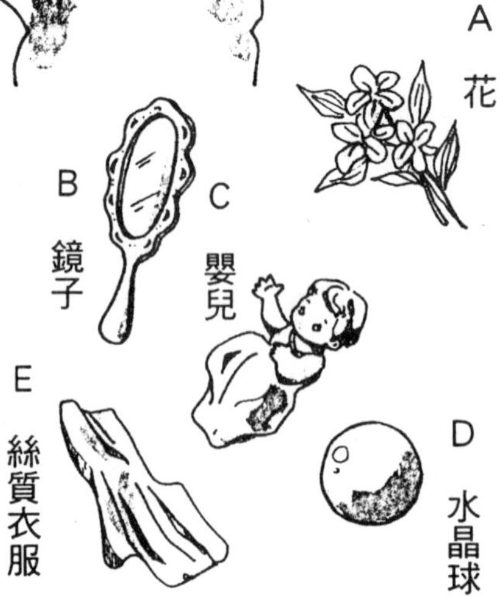

著名「米開朗基羅的維那斯」雕像，這雕像即使兩手尚未被發掘，但仍無損其名氣，而學者們總認為這手上有拿些什麼東西，那麼你想，米開朗基羅的維那斯手上拿什麼呢？請由右圖中選出與你想像裡最接近的東西出來。

由你想像看不見的部分之測驗裡，可得知你心中想熱切追求卻得不到的東西，在這問題裡，你選擇握在手上的答案，正象徵著你所無法滿足的願望。

A　花

在心理學世界裡，花象徵著夢想與愛，現在的你應有著遠大的夢想，與追求愛情的高昂情緒，想使自己的生活自由奔放，渴望被愛，可說正處於追求心靈豐足，而較忽視物質的時期。

B　鏡子

借由鏡子可以照到自己的姿色，你現在正處於在乎自我外貌模樣的時期，想追求全新的自我，對挑戰新事物有很高的意願，應下定決心努力！

C　嬰兒

想像孩子的你，是處於對「家庭生活」關切且期望很高的時期，不會只顧自己著想，總是以家庭或周遭環境為優先考量，可說現在的你最適合奉獻自己的生活模式。

D　水晶球

現在你最關切的便是如何朝金錢、地位或名利等目標前進。雖然你獨具慧眼且有優越的思考，但若要美夢實現，別忘了努力實踐才最重要。

E　絲質衣服

絲質衣服，是一種對服飾會很關注的象徵，同時亦顯示很渴望愛情。你常幻想能一展長才，而受到他人的肯定與愛戴。

在無人的房間裡會發生什麼事

深層心理測驗篇

這屋子裡現在沒有人，這是很普通的房間，再過五分鐘後，屋裡的狀況會變如何呢？依你所想由下列答案中做選擇。

A 仍舊沒有人

B 出現一個女孩開電視看

C 有家族聚會進餐

D 新婚夫妻進來喝茶

E 小偷闖空門

「五分鐘後的聯想」表現你內心的期望，尤其是能確認平時與你相處的人們對你的印象如何。

依你所想，五分鐘後到底會變成如何？

A　仍舊沒有人

你總予人文靜且有靈氣的印象，這樣的你，會讓人在不自覺中認為「這種人要好好保護」。

所以，你只會受人喜愛而不會被人欺負，但因為過於纖細且神經質的形象，說不定會就此吃虧。

B　出現一個女生開電視看

你給人的第一印象大都是有智慧且能幹。所以，別人會認為你是個頭腦敏銳且理性的人。也因此容易使人感到「不易親近」。

為了緩和此形象，應努力展現活潑、開朗的一面。

C　有家族聚會進餐

個性豪爽，形象活潑的你，能迅速處理一切事物，別人會認為你是個不被困難所挫折且值得信賴的人。

D　新婚夫妻進來喝茶

你是個容易敞開心扉與人相處的人，個性開朗，能使周圍的人都感染到愉快的氣氛，所以總有許多人圍繞著你，異性也喜歡輕鬆與你交往，總之是個有魅力的人。

E　小偷闖空門

會稍加注意別人不會留心的事，或是與眾不同個性派的你，若能找到理想中的職業，成功時能更朝氣蓬勃去發揮才華的人。

最後的晚餐，你會選擇什麼？

深層心理測驗篇

「假定今天地球就要滅亡了，最後一餐會想吃什麼？」這聚餐時常出現的話題。其實，答案所象徵的，是比對食物之嗜好更為重要的心態。

如果在世界末日「只能選擇下面的食物」你會想吃什麼？

A **拉麵**
B **茶泡飯**
C **飯店裡的咖哩飯**
D **一流餐廳的三明治**

關於「最後想吃的食物」之答案，表示個人內心固執的程度。到了最後一刻仍堅持自己的風格或名譽，或擁有真正喜愛的東西就可以滿足。而最後想吃的東西，亦象徵此人的生活模式。

A 拉麵

特別選擇身邊隨處可尋的拉麵的你，仍偏執於過去自己最風光的時候，對於自我之過往生平，有強烈的自卑感，雖有努力奮鬥的精神，但想擺脫此情緒，還要更加油！

B 茶泡飯

性格溫厚的你，是個重視處事和諧的人，就改變的角度而言，凡事都不想冒險，以安全為上策考量，與其說是個性，不如說是體力衰退、或沒了衝勁，現在的你身體狀況不佳而影響了你的心情。

C 飯店裡的咖哩飯

其實想吃咖哩飯到處都有，而固執於吃「飯店」的咖哩飯的你，是個很好強，面對挑戰會精力充沛的人。因為一心一意不認輸，所以若陷入困境時會以自我之奮鬥精神來克服，很懂自我推銷且對賺錢很精明。

D 一流餐廳的三明治

選擇三明治的你，是個愛虛張聲勢，好出風頭的人，容易被人煽動，受人拜託時不會推辭，因這善良的個性，容易惹禍上身，而成為代罪羔羊，應多加注意。

在情人之間應放置什麼才好?

在長椅上坐著一對情侶，假如二人的中間有放置東西，你認為會放些什麼呢?別想太多，請依直覺回答。

A 手提包
B 大型購物袋
C 文件袋
D 一束花

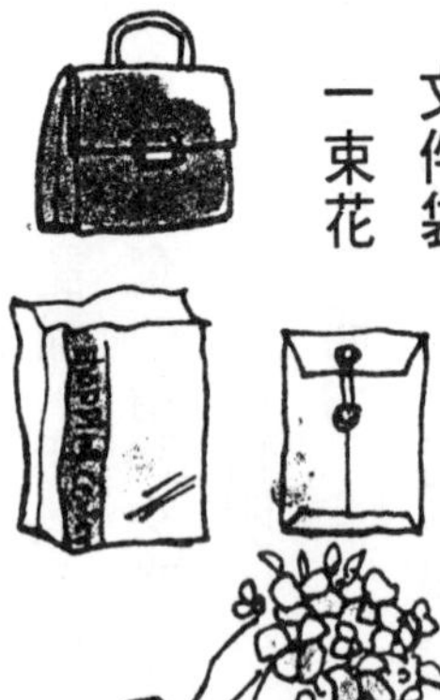

放置在兩人之間的東西，象徵著人際關係的障礙，同時也是兩人結合的因素。想像兩人之間會放置何物，表示本人對於人際關係慾求不滿的程

度，尤其關於「男女之間」擺放的東西，正顯示你現在戀愛進行的狀況與傾向，到底你認為兩人之間放著什麼呢？

A　手提包

選擇手提包的人，有著「自己不受異性青睞」的強烈自卑感。在戀愛上，有仰慕遠距離對象之傾向，戀情多半在單相思階段就結束了，對異性有強烈的猜疑心，所以現實上「相親相愛」的模樣很難出現。

B　大型購物袋

兩人之間放著大型購物袋，表示對於戀愛感到罪惡感，而且討厭異性的接觸，可是另一面，心情與行動表現不一，看見和睦的男女，就會有想加以阻礙的壞念頭。

C　文件袋

選擇象徵工作袋的你，是個有自信的人，對於戀愛較冷淡，有時會被認為是個冷漠的人，對於伴侶很挑剔，理想很高，亦是此類人們的特徵。若是對方積極採取行動時，就會敬而遠之，厭惡之情表露於色。

D　一束花

選擇花束的你，是個浪漫主義者，對於戀愛有著強烈的憧憬，正渴望夢中的白馬王子，但是審查異性的眼光並不敏銳，容易被甩，再加上追求夢幻，而會有數度被拋棄的傾向。

參與宴會的你

這測驗是可應用於宴會上的行動心理。在自助式的宴會上，她早一步到達會場，在沒碰到熟人之前，她會走到那個區域，則可判斷其個性，因各區域正象徵著不同的自我主張。

A **到後面沒有人的區域**

B **中央有二人的區域**

C **舞台側邊有三人的區域**

D **在舞台側邊有一堆人的區域**

E **到後面座椅上有一人的區域**

由宴會上的去處，可了解其自主能力，喜好有人的場所，或選擇人數密度較低的地方，都是受自主力之影響。

A　到後面沒有人的區域

是依賴心特強的個性，獨自一人時會無端地感到落寞，而想打行動電話找人聊天，不善於自己做判斷。可是一旦決定的事，若努力實行，必有好結果。

B　中央有兩人的區域

不會依賴他人，會依自己之想法行事，因此討厭受他人干預，有依自我判斷而強制行動的傾向，因為是個有判斷力的人，所以應多聆聽他人的意見會更好。

C　舞台側邊有三人的區域

表面上似有主見，但實際上是個迷惑或怕寂寞的人。但此個性不會表現出來而且會很逞強，如果能謙虛的去依賴他人，視野便會更廣闊了。

D　舞台側邊有一堆人的區域

是個凡事不逞強，且不會與人勾心鬥角的人，溫良敦厚又有關懷的心，有著對任何人都能協調的適應性。當感到寂寞時，不會依賴他人，會試圖改變自己的心境來面對。可說有著良好不失自我之風度。

E　到後面座椅上有一人的區域

會因對象不同而改變應對態度，對於自己能依賴的人，或不想表露的人，會明確區分開來，因此，易被周圍的人看成是「難以捉摸的人」所以有時需要明確表達自我主張才行。

她所選擇的調味料

想了解她內心的想法，光靠外表或動作的觀察是不夠的，大伙兒愉快的喧譁中，就隱藏了許多了解她的線索。例如，桌上放著沙拉，可依選擇那種調味料（喜好為何）來辨認隱藏在她心中的願望。靠著調味料的刺激性與芳香味，就能表示出散發自我理想的程度。在下面的調味料中，她會選什麼呢？

A 法式調味汁

B 沙拉醬

C 日式

D 鹽或胡椒

所點的食物與眾不同，好惡強烈，必由盤中央的食物開始進食……。對於食物的偏好與進食的方式，都會反映人的心理狀態與個性。

例如，吃牛排由中間切開來進食的人，是能幹而且以自我為中心。會全部切好再吃的人，若有喜愛的東西，一定要得到否則無法滿足……也有人如此分析。

然而，吃壽司也是如此，最喜好蝦子壽司的女生是固執所好型；愛吃鮪魚肚的女性則是普遍型，喜歡鮭魚子壽司，則是自我表現型……各種分析。沙拉也一樣，喜好碗豆的人有性方面的情節，喜歡豆子或洋蔥的人多半獨斷且任性，等等各類的分析。

那麼，選擇何種調味醬呢？

A　法式調味汁

求知慾很強，有美感且喜好音樂的女性都喜愛的調味料，這樣的女生，有適應力，對於各種工作都有好好處理的能力。

B　沙拉醬

怕麻煩又愛依賴他人的個性，是未長大的孩子性，個性多變型，缺乏積極挑戰事物的意願，會因亂下決定而常後悔。怕寂寞，富人情味也是其特性。

C　日式

有獨創性與思考力的人，但有時好講邏輯是其缺點，雖然欠缺果斷與行動力，又愛堅持己見，但必要時也會順應他人的想法。

D　鹽或胡椒

有著不拘小節且樂天的個性，不在乎旁人的看法，能清楚區分，他是他，我是我的不同。

觀察女性坐姿雙腳的擺放

聚餐時，要試著了解女性的心理，首先要由外表觀察起。例如，宴席上的坐姿，也能清楚反應女孩的內心狀況。她的坐姿（腳擺放的方式）如何呢？

A 翹腳且左腳在上
B 翹腳且右腳在上
C 坐時雙腳分開
D 膝蓋雙併而坐
E 雙腳傾邊（右邊或左邊）而坐
F 坐時兩腳交叉
G 坐時僅腳踝部位交叉

心理學界認為，人們內心的狀態與外在行為，有一定程度的關聯性。這被稱為是「肢體語言」尤其女性的坐姿，被認為是無意識中表露自我個性或對性關切的語言。

A 翹腳且左腳在上

此類的女性，對凡事皆很積極而且以自我為中心的情況居多，認識不久便很可能進行到限制級階段，但需要在有氣氛的場合才行。

B　翹腳且右腳在上

簡單而言，是個內向且理性的女生。不可能主動追求男性。最討厭過於打扮或欠缺男子氣概的異性。即使男性自動示好，成功的機率也不高。

C　坐時雙腳分開

全然無意識到女性的男生，以幼稚的少女型居多，對人的好惡分明，但是，對自己心儀的男生會全無防備之心。

D　膝蓋雙併而坐

這是代表關閉心靈的坐法，若要使這類女孩打開心扉需要耗費很長的時間。即使有了中意的對象，這態度也很少改變。

E　雙腳傾邊（右邊或左邊）而坐

她對自己的雙腳充滿自信。但自尊甚高，能滿足她自尊心的追求方法，效果最好。

F　坐時雙腳交叉

與其一對一的約會，不如大伙一起出去玩，對性也表示反感。可是一旦情投意合，進展便會很快。

G　坐時僅腳踝部位交叉

此類的女生，無法捨棄少女時期的嗜好，有戀父情結，容易喜歡上如父親、兄長般個性的男生，對異性的警戒心很強，會要求談純純之愛。

手的動作所顯示的內心狀態

手的動作充分顯示了其本人身體與情感的狀態。我們可依手勢與手的擺法來解讀這個人的生理與心理狀況。宴席上，動作大的人，或較靜默的人各有其不同的個性，而她是如何呢？

A　多半抱雙臂於胸前

B　雙手比劃激動

C　雙手抵在嘴邊或下顎

D　手幾乎沒有任何動作

手的動作是顯示人在精神層面的狀況。在心理學界裡，無意識的手部動作，容易反映內心的感受。在宴席上，最容易觀察到的便是手部動作，而大腦的運作有三分之一以上與雙手有著密切的關係。

依靠手的動作與姿勢，可分析人之精神狀態如下。

A　多半抱雙臂於胸前

平時不介意的問題，不知何故而顯得很在乎，而正處於易怒，卻不自知的狀態。「無意識中常抱臂於胸前」的人，多少有點神經過敏的心理，別再思考過多，試著消除壓力吧。

B　雙手比劃激動

和人說話時會不自覺的去拍對方的身體，或雙手大動作比劃的人，多半正處於精神良好的狀態，會給平常人帶來壓力的事物，無意識中會迴避掉。像有如此誇大動作傾向的人，基本上都是較樂天的人。

C　雙手抵住嘴邊或下顎

經常會有不安感，或覺得落落寡歡，焦躁卻無法發洩的心理狀態。有此動作時，表示在人際關係上，常因自覺要顧及他人，壓抑自己，而造成壓力過大的現象。

D　手幾乎沒有任何動作

凡事消極，工作或課業都不想作的狀態，有話要說時也常會壓抑不說。是善於自我控制且自制心很強的人，慾求不滿的情緒累積已久。可說是一觸即發，正是壓力爆發前，相當危險的狀況。

仔細觀察說話的口氣

▼「對啊」「當然」等等，點頭稱是

像此類說話口氣的人，想讓對方肯定自己是個開通且明事理的人。很會照料他人，對於一切事物都會欣然接受，但這種個性的人，會表現得很明理，希望自己是了解對方的人，萬一發生問題時，會強烈盼望你也是支持他的一分子。

▼話說個不停，無法使旁人表達意見

聒噪且不注意旁人反應，不停說話的人，有行動力與野心，很能幹且好強。在家中也是如此，握有大小事情的決定權。如果有小孩會很熱衷於教導，親師懇談會也會積極參與。但容易過於主觀，別人傳達的意見，他多半不會接受，若對這種人說了別人壞話，後果會不堪設想，因為他是親朋好友的廣播站。

▼口氣肯切並使用過多的敬語

戒心很強，若不是想隱藏自己的缺點，就是有某程度自卑的傾向，若以學歷或工作為話題時會很擔心，而口氣肯切的人，多半情緒多變化且心情好壞落差很大。

▼聲音大且說話宏亮

奔放又開朗的個性，情感充沛容易受感動。生氣時會比普通人更清楚的把不滿表達出來。但是耳聾的人也會如此。

▼對談中說錯話時會假裝咳嗽

這確實是難為情或想掩飾自我情緒時常做的行為。因擔心無法明白表達自我意見，或怕說實話會令對方傷心的狀況下而陷入不安的情緒。如此的氣氛，彼此的意見很難溝通，所以還是放棄此次機會，以後再說吧！

依酒杯的拿法可觀察對方的心態

依照拿酒杯的方法與手勢，可掌握觀察此人個性與心理現狀之線索。酒杯的拿法因人而異，而且會因當日的心情，而改變握法。妳和他一起進入酒吧時應多加留意觀察。

A　拿著杯子的上緣

握住酒杯上緣喝酒的人，是不拘小節，豪爽的樂天派，說話大聲，喜歡一面喝酒一面聊天，表示現在的心情正處於愉快開朗的狀態。

B　握住酒杯的中央

是有適應力的安全型，對人誠懇

易受旁人託付事物而不擅拒絕。即使心中不願，仍會顧及他人的心情。

C 握住酒杯下端的人

會握住酒杯下緣來喝酒的人，精神纖細且會顧前顧後，會過度在意對方想法的內向型，拿酒杯時小指頭會翹起，表示很神經質，容易鬧情緒，若有不愉快會立刻表露於臉上。

D 雙手握住的人

有人用右手拿起，放下後就用雙手握住。這種人怕寂寞，或想喧譁熱鬧一番，但卻沒法如願表達，和他人坐在一塊兒時會想觸碰他人，同時對異性會很關心。

E 飲酒時會搖晃酒杯發出聲音

喝時會搖動酒杯，發出冰塊撞擊聲音的人，無法安靜下來，對很多事物容易著迷且興趣廣泛。很難長時間待在椅子上而到處走動的人。

F 邊喝酒邊抽煙的人

一手拿酒杯一手抽煙，或拿其他東西，是對工作或專長有自信的人。

多半從事有個性的工作，極力發揮才華的人居多，至於人際關係則易有所偏好。

依伸手的手勢來了解對方

讓對方在你面前伸手，好觀察其五指手指的形態與出手的姿勢，而這亦是因人而異。

有些人伸手時手指伸直，有的人則彎曲。有人大拇指向外張開，有的人則是小指。

請參閱左圖而比較伸手時手掌的模樣。

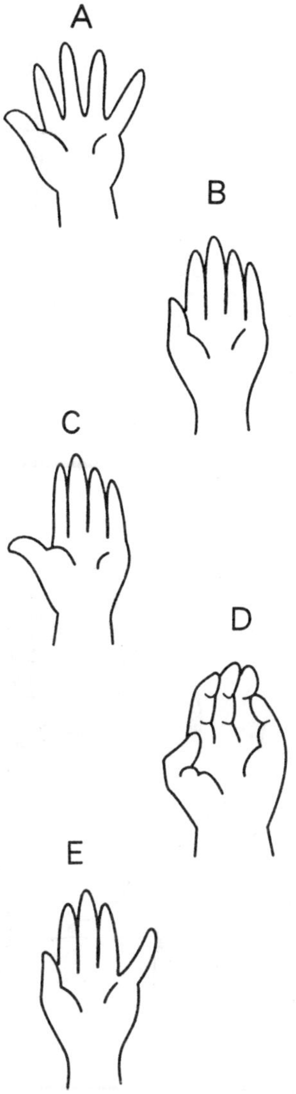

A 全部伸直張開的人

伸手時五指全部打直張開的人，是個性格豪爽的樂天派。同時討厭受人約束，行動敏捷，喜怒哀樂表現分明。

B 伸手時五指併攏的人

五根手指全部併攏的人，心思細膩，對於瑣碎事物也會慎重顧慮。所以，凡事都會三思而後行，對於自我情感亦會加以控制。

C 伸手時大拇指外張的人

意志堅強，有自我意識，不肯受他人指使，個性頑固且有強烈的做事意願。

D 伸手時五指彎曲的人

意志薄弱且容易感到疲累，但很關懷對方，並且溫柔又體貼，是個不易拒絕幫忙他人的人。

E 伸手時小拇指外張的人

對人的好惡分明，有創造力與美感，但易發怒與煩躁。

依手所觸摸的位置來判讀對方

對話時留意對方的手所觸碰的身體部位，便能有好玩的發現。將圖上的身體分成七個部位來觀察。

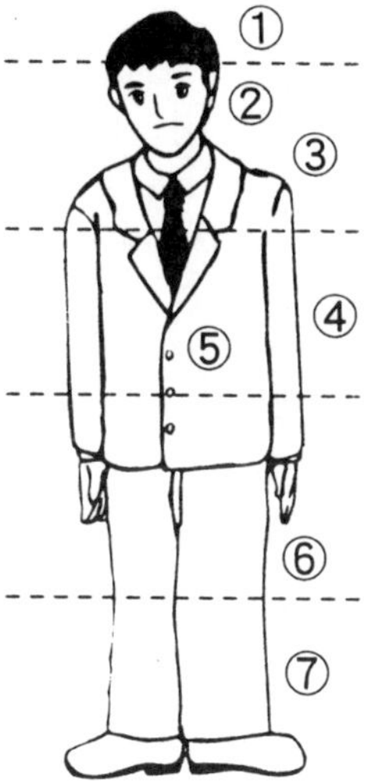

頭

大人用手摸孩子的頭時，是表示「指責」「讚許」「告誠」的心態。大人用手去碰大人的頭，是種輕視或想指使對方的表現。

用手摸自己的第一部位，則表示想掩飾自己的失敗或者有強烈的自責感。

臉

摸自己臉的動作，是「接觸」的動作中很頻繁的舉動。尤其是疲倦、不愉快、寂寞或痛苦時，大都會用手去摸臉。相當疲累或等得太久，或對眼前的對象很不滿時，會反覆摸著嘴巴或鼻子。

在初見面的場合裡，對方在交談中不斷用手摸嘴巴或搗著口時，最好快結束離開，因為這些動作正表示對方覺得「不想再聊」「很忙耶！」等反彈的情緒很高。

用手摸著眼尾部位，或用手指壓著眼角，是正處於思考中的訊號。用手摸耳，則表示難以回答或尚未思考完整。

肩

用手摸自己的肩膀，這樣的動作很難發生，可能是想把自己集中於某事物的意念，顯示出來好讓旁人肯定自己的訊號。

伸手碰談話對象的肩膀，則是強調「伙伴意識」。傳遞「咱們是互相了解的伙伴」的心態讓對方知道。是政治家與對手說話時常見的動作。

可是此動作也有分很多種，有氣魄地拍「肩膀」的情況，雖仍說是伙伴，但心底有著「我一定要贏你」的想法。

手、腕

此部分可說是在人際關係上把自己的想法與嗜好，傳遞給對方了解的重要部位。

感動或寂寞時，自然會有手腕組抱於胸前，或是一手按在另一手的手腕的動作出現。

並肩同行時，會碰對方的手或挽手而走，是戀人間自然的動作。這是在想信賴對方的心態下，無意中所發展出來的表現。有時對方會用碰西裝的一角之動作來代替。

胸、腹

這是對方身體中最不易碰到的部位，也很少人伸手去碰，因此這個重要部位，不僅不想讓別人摸，連自己都很少觸摸自己的胸部與腹部，可是渴望被愛，或想與人有肌膚之親時，會頻繁地用手觸碰自己的胸部與腹部。有時用力拍自己的胸部或腹部，則有包在我身上的意思。

腰

碰腰的動作，不僅會出現在男女之間，在男生的場合中也會出現。

這是為了表達信賴對方的心情，與想促膝長談的願望有共通之處。

用手碰自己的腰，是一種很有自信的表現。想受對方肯定，或內心很焦慮，而想虛張聲勢的態度。若把手叉腰或把手放進褲子的口袋裡，則是神氣的表現。

腳

是最想觸碰的地方。但歐美人則最討厭觸碰此處。自己觸摸此部位，是很疲累渴望放鬆的表現。極度疲累或為工作賣命而想讓對方肯定時常有的動作。

回顧兩人並肩同行時的情況

男人一起或女生一起，或者男女同行時，你都走那一邊呢？其實，在無意識裏，會在右邊或左邊都是固定的。

❶兩人並行時，經常走在右邊的人，擁有可為集團領袖之能幹特質的人。如果是女性則是有事業心且能發揮自我性格的人。適合當女政治家或律師。

兩人同行，大致走於右側的人，個性較強，若是雙胞胎的情況，走在右邊的人都是兄長或姊姊的角色。

❷經常走於左側的人，多半是女性，這是因為女性有想順從於男性之帶領的意願。

而這類的男性，多較消極，少有自己的意見，若想改變自己的個性，就要刻意走在右邊，如此便可改變其性格。

因不同個性的話筒拿法

可依拿話筒的方式來判別個性。

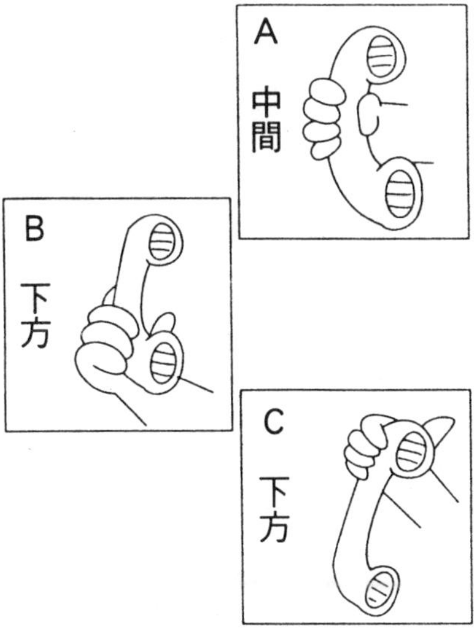

A　這是男性較女性為多的動作，屬於A型的男性，受店員推銷時，即使有少許不滿意，仍會買下來，但不久就會後悔買了無用的東西。雖會反省，可是仍會犯同樣的毛病。

女性則會受名牌影響，相同品質，卻會花較多的錢去買。這樣的人是無法享受，在大降價或二手衣店裡買便宜貨的樂趣。

B　此類男性會受家人拜託在下班時順道買菜回家，也會參與家事。雖偏好美食卻會服務家人。此類女性到百貨公司或超市時，會先繞一圈，常再三考慮後空手而回，讓陪同的人感到十分焦躁。

C　此類男性是與購物無緣的人。必要時刻才買東西，不會花時間挑選，看見中意就買。女性方面，會善加利用郵購或目錄。會買一些流行的雜誌來享受純逛街的樂趣。即使沒能購買，也會看著雜誌說「這東西也蠻好的」而樂在其中得以滿足。

〈建議〉

A　男生較女生多，可是此性格的人浪漫卻缺乏購物技巧，東西買回來，使用一、兩次就不再動它，而且拙於使用不是弄髒就是弄壞，心情好壞變化很快，會依當天的心情來決定買東西。並非是聽從店員的推銷，而是覺得無所謂而買下，應趕快改進。很像個小孩看見什麼都喜歡，卻不知道該買那個才好。〈感性度 20〉

B　男女都是購物高手，精通各種購物資訊，但無法以廉價購得包裝精美的商品。雖然女生是流連櫥窗的專家，可是購物卻是浪費型。由於男女都有「買東西別太小氣」的想法，所以應培養買物美價廉的物品再搭配出高雅的氣質。〈感性度 30〉

C　此類男性應知道市場一般的行情，民生必需品不要依賴旁人購買。應自己去確認產品的好壞，且訓練買東西要貨比三家，女性則要積極逛街。要下決心買些較昂貴的物品，也就是應培養貨真價實的觀念。〈感性度 10〉

依看電視的位置來了解你自己

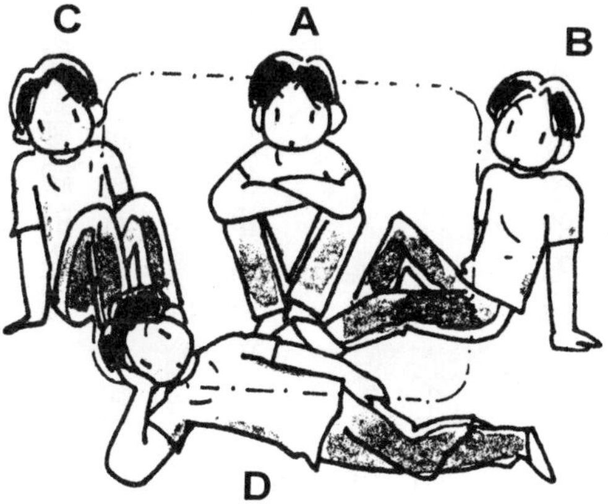

依看電視或電影時，都是以那一方位觀看。在研究報告中顯示，喜好由右側觀看的人，個性是不相同的。

在家悠閒地看電視時，大都坐那一個位置呢？

A　電視的正前方

B　面對電視的左邊

C　面對電視的右邊

D　躺著看電視

A　電視的正前方

喜歡朝正面看的人，多半有著良好的平衡感，凡事要求眾所確定，安全且有保障，不會做危急或冒險的事，慎重卻少有自我主張，「沒個性」

的人。

B 面對電視的左邊

由左邊觀看，表示多用左眼看東西。多習慣由左邊向右邊看或閱讀的人，多半是很重視回憶，浪漫且愛好音樂的人。

慾望不高，達到恰當的目標就會滿足的人，個性溫和，不愛出風頭，人際關係良好。

C 面對電視的右邊

有個性且好奇心旺盛的人，喜歡追求刺激的新事物，想與各種人交往並渴望擴大自己的世界，但為了滿足自己的慾望，會有缺乏顧慮他人的傾向。三分鐘熱度則是他的缺點，因經常追求新鮮事，所以，欠缺穩重與安定感。

D 躺著看電視

其實並非想看電視，而是較想休息，這是想逃開日常忙碌，轉換心情而過悠閒生活的心態，所造成的情況，可是覺得做什麼都麻煩，而難加以行動的。

看電視的姿勢因人而異。有時可能因長時間以同位置、同姿勢觀看電視，而成為壓力來源之所在。

依熄煙的方法來了解人的個性

依法國的動作心理學專家所言，依熄煙的動作可看出其心理狀態。依其解說，滿足自我慾望後的處理方式，正反映其個性。

A　仍冒著煙就丟置於煙灰缸的人

多半是以自我為中心，個性懶散的人。即使接受旁人委託仍舊不會達成對方之期望。對金錢的態度隨便。可是此類型的人，會坦白地表達自我情感。經常遺失東西。

B　先壓熄香煙的人

是一種慾求不滿的動作，充滿活力卻無法順利處理慾望而有的焦躁感，對於工作很認真，討厭半途而廢，容易得到上司的信賴。

C　輕輕敲熄火苗的人

很慎重，會顧及對方情緒且待人溫和，但缺點是不能好好表達自我之意見。有時猶豫不決無法下決定，可是對部屬很好，有成為良好領導者的特質。

D　再三檢查棄置在缸裡的煙蒂，或用水澆熄的人。

神經質的勞碌命，會因太顧慮他人的想法而吃虧。

若夫妻間有吵架或發生不愉快的事，便會終日愁眉不展。

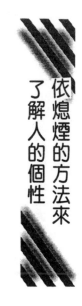

以鞋底磨損的情形 來判別不同的個性

鞋底損的情況，會因不同的人而有所差異。

A 兩腳鞋根內側較為磨損的人

小心翼翼，在眾人面前說話會臉紅的人。此類型的人不適合當上班族，而該依靠自身技能來發展長才。

可是對異性容易產生自卑感而失戀。利用寫信或電信來邀約對方比較容易成功。

B 只有左鞋內側磨損較大的人

容易煩躁，其實有能力，但就是操之過急而表現的不如人意，是個常搞錯約會時間或跑錯地點的冒失鬼。

C 只有右鞋內側磨損較大的人

太過於溫吞而難成事，有時會因動作過慢而受伙伴排拒，到了中年可能有發福的傾向。

D 鞋子外側磨損的人

行動派，若是女性，則會較男性好強。

男性方面愛好運動且意志堅定，面對少許的失敗不會在乎，而且廣受歡迎。

大展出版社有限公司
品冠文化出版社

地址：台北市北投區(石牌)
致遠一路二段12巷1號
郵撥：0166955～1
電話：(02)28236031
28236033
傳真：(02)28272069

圖書目錄

・法律專欄連載・電腦編號58

台大法學院 法律學系／策劃
法律服務社／編著

1. 別讓您的權利睡著了 1		200元
2. 別讓您的權利睡著了 2		200元

・武術特輯・電腦編號10

1. 陳式太極拳入門	馮志強編著	180元
2. 武式太極拳	郝少如編著	200元
3. 練功十八法入門	蕭京凌編著	120元
4. 教門長拳	蕭京凌編著	150元
5. 跆拳道	蕭京凌編譯	180元
6. 正傳合氣道	程曉鈴譯	200元
7. 圖解雙節棍	陳銘遠著	150元
8. 格鬥空手道	鄭旭旭編著	200元
9. 實用跆拳道	陳國榮編著	200元
10. 武術初學指南	李文英、解守德編著	250元
11. 泰國拳	陳國榮著	180元
12. 中國式摔跤	黃　斌編著	180元
13. 太極劍入門	李德印編著	180元
14. 太極拳運動	運動司編	250元
15. 太極拳譜	清・王宗岳等著	280元
16. 散手初學	冷　峰編著	200元
17. 南拳	朱瑞琪編著	180元
18. 吳式太極劍	王培生著	200元
19. 太極拳健身和技擊	王培生著	250元
20. 秘傳武當八卦掌	狄兆龍著	250元
21. 太極拳論譚	沈　壽著	250元
22. 陳式太極拳技擊法	馬　虹著	250元
23. 二十四式／三十二式 太極拳／劍	闞桂香著	180元
24. 楊式秘傳129式太極長拳	張楚全著	280元
25. 楊式太極拳架詳解	林炳堯著	280元

26. 華佗五禽劍	劉時榮著	180 元
27. 太極拳基礎講座:基本功與簡化 24 式	李德印著	250 元
28. 武式太極拳精華	薛乃印著	200 元
29. 陳式太極拳拳理闡微	馬　虹著	350 元
30. 陳式太極拳體用全書	馬　虹著	400 元
31. 張三豐太極拳	陳占奎著	200 元
32. 中國太極推手	張　山主編	300 元
33. 48 式太極拳入門	門惠豐編著	220 元

・原地太極拳系列・電腦編號 11

1. 原地綜合太極拳 24 式	胡啓賢創編	220 元
2. 原地活步太極拳 42 式	胡啓賢創編	200 元
3. 原地簡化太極拳 24 式	胡啓賢創編	200 元
4. 原地太極拳 12 式	胡啓賢創編	200 元

・道學文化・電腦編號 12

1. 道在養生：道教長壽術	郝　勤等著	250 元
2. 龍虎丹道：道教內丹術	郝　勤著	300 元
3. 天上人間：道教神仙譜系	黃德海著	250 元
4. 步罡踏斗：道教祭禮儀典	張澤洪著	250 元
5. 道醫窺秘：道教醫學康復術	王慶餘等著	250 元
6. 勸善成仙：道教生命倫理	李　剛著	250 元
7. 洞天福地：道教宮觀勝境	沙銘壽著	250 元
8. 青詞碧簫：道教文學藝術	楊光文等著	250 元
9. 沈博絕麗：道教格言精粹	朱耕發等著	250 元

・秘傳占卜系列・電腦編號 14

1. 手相術	淺野八郎著	180 元
2. 人相術	淺野八郎著	180 元
3. 西洋占星術	淺野八郎著	180 元
4. 中國神奇占卜	淺野八郎著	150 元
5. 夢判斷	淺野八郎著	150 元
6. 前世、來世占卜	淺野八郎著	150 元
7. 法國式血型學	淺野八郎著	150 元
8. 靈感、符咒學	淺野八郎著	150 元
9. 紙牌占卜學	淺野八郎著	150 元
10. ESP 超能力占卜	淺野八郎著	150 元
11. 猶太數的秘術	淺野八郎著	150 元
12. 新心理測驗	淺野八郎著	160 元
13. 塔羅牌預言秘法	淺野八郎著	200 元

・趣味心理講座・電腦編號 15

1. 性格測驗　探索男與女　淺野八郎著　140 元
2. 性格測驗　透視人心奧秘　淺野八郎著　140 元
3. 性格測驗　發現陌生的自己　淺野八郎著　140 元
4. 性格測驗　發現你的真面目　淺野八郎著　140 元
5. 性格測驗　讓你們吃驚　淺野八郎著　140 元
6. 性格測驗　洞穿心理盲點　淺野八郎著　140 元
7. 性格測驗　探索對方心理　淺野八郎著　140 元
8. 性格測驗　由吃認識自己　淺野八郎著　160 元
9. 性格測驗　戀愛知多少　淺野八郎著　160 元
10. 性格測驗　由裝扮瞭解人心　淺野八郎著　160 元
11. 性格測驗　敲開內心玄機　淺野八郎著　140 元
12. 性格測驗　透視你的未來　淺野八郎著　160 元
13. 血型與你的一生　淺野八郎著　160 元
14. 趣味推理遊戲　淺野八郎著　160 元
15. 行爲語言解析　淺野八郎著　160 元

・婦幼天地・電腦編號 16

1. 八萬人減肥成果　黃靜香譯　180 元
2. 三分鐘減肥體操　楊鴻儒譯　150 元
3. 窈窕淑女美髮秘訣　柯素娥譯　130 元
4. 使妳更迷人　成　玉譯　130 元
5. 女性的更年期　官舒妍編譯　160 元
6. 胎內育兒法　李玉瓊編譯　150 元
7. 早產兒袋鼠式護理　唐岱蘭譯　200 元
8. 初次懷孕與生產　婦幼天地編譯組　180 元
9. 初次育兒 12 個月　婦幼天地編譯組　180 元
10. 斷乳食與幼兒食　婦幼天地編譯組　180 元
11. 培養幼兒能力與性向　婦幼天地編譯組　180 元
12. 培養幼兒創造力的玩具與遊戲　婦幼天地編譯組　180 元
13. 幼兒的症狀與疾病　婦幼天地編譯組　180 元
14. 腿部苗條健美法　婦幼天地編譯組　180 元
15. 女性腰痛別忽視　婦幼天地編譯組　150 元
16. 舒展身心體操術　李玉瓊編譯　130 元
17. 三分鐘臉部體操　趙薇妮著　160 元
18. 生動的笑容表情術　趙薇妮著　160 元
19. 心曠神怡減肥法　川津祐介著　130 元
20. 內衣使妳更美麗　陳玄茹譯　130 元
21. 瑜伽美姿美容　黃靜香編著　180 元
22. 高雅女性裝扮學　陳珮玲譯　180 元
23. 蠶糞肌膚美顏法　梨秀子著　160 元

24. 認識妳的身體	李玉瓊譯	160 元
25. 產後恢復苗條體態	居理安・芙萊喬著	200 元
26. 正確護髮美容法	山崎伊久江著	180 元
27. 安琪拉美姿養生學	安琪拉蘭斯博瑞著	180 元
28. 女體性醫學剖析	增田豐著	220 元
29. 懷孕與生產剖析	岡部綾子著	180 元
30. 斷奶後的健康育兒	東城百合子著	220 元
31. 引出孩子幹勁的責罵藝術	多湖輝著	170 元
32. 培養孩子獨立的藝術	多湖輝著	170 元
33. 子宮肌瘤與卵巢囊腫	陳秀琳編著	180 元
34. 下半身減肥法	納他夏・史達賓著	180 元
35. 女性自然美容法	吳雅菁編著	180 元
36. 再也不發胖	池園悅太郎著	170 元
37. 生男生女控制術	中垣勝裕著	220 元
38. 使妳的肌膚更亮麗	楊　皓編著	170 元
39. 臉部輪廓變美	芝崎義夫著	180 元
40. 斑點、皺紋自己治療	高須克彌著	180 元
41. 面皰自己治療	伊藤雄康著	180 元
42. 隨心所欲瘦身冥想法	原久子著	180 元
43. 胎兒革命	鈴木丈織著	180 元
44. NS 磁氣平衡法塑造窈窕奇蹟	古屋和江著	180 元
45. 享瘦從腳開始	山田陽子著	180 元
46. 小改變瘦 4 公斤	宮本裕子著	180 元
47. 軟管減肥瘦身	高橋輝男著	180 元
48. 海藻精神秘美容法	劉名揚編著	180 元
49. 肌膚保養與脫毛	鈴木真理著	180 元
50. 10 天減肥 3 公斤	彤雲編輯組	180 元
51. 穿出自己的品味	西村玲子著	280 元
52. 小孩髮型設計	李芳黛譯	250 元

・青 春 天 地・電腦編號 17

1. A 血型與星座	柯素娥編譯	160 元
2. B 血型與星座	柯素娥編譯	160 元
3. O 血型與星座	柯素娥編譯	160 元
4. AB 血型與星座	柯素娥編譯	120 元
5. 青春期性教室	呂貴嵐編譯	130 元
7. 難解數學破題	宋釗宜編譯	130 元
9. 小論文寫作秘訣	林顯茂編譯	120 元
11.中學生野外遊戲	熊谷康編著	120 元
12.恐怖極短篇	柯素娥編譯	130 元
13.恐怖夜話	小毛驢編譯	130 元
14.恐怖幽默短篇	小毛驢編譯	120 元
15.黑色幽默短篇	小毛驢編譯	120 元

16.靈異怪談	小毛驢編譯	130 元
17.錯覺遊戲	小毛驢編著	130 元
18.整人遊戲	小毛驢編著	150 元
19.有趣的超常識	柯素娥編譯	130 元
20.哦!原來如此	林慶旺編譯	130 元
21.趣味競賽 100 種	劉名揚編譯	120 元
22.數學謎題入門	宋釗宜編譯	150 元
23.數學謎題解析	宋釗宜編譯	150 元
24.透視男女心理	林慶旺編譯	120 元
25.少女情懷的自白	李桂蘭編譯	120 元
26.由兄弟姊妹看命運	李玉瓊編譯	130 元
27.趣味的科學魔術	林慶旺編譯	150 元
28.趣味的心理實驗室	李燕玲編譯	150 元
29.愛與性心理測驗	小毛驢編譯	130 元
30.刑案推理解謎	小毛驢編譯	180 元
31.偵探常識推理	小毛驢編譯	180 元
32.偵探常識解謎	小毛驢編譯	130 元
33.偵探推理遊戲	小毛驢編譯	180 元
34.趣味的超魔術	廖玉山編著	150 元
35.趣味的珍奇發明	柯素娥編著	150 元
36.登山用具與技巧	陳瑞菊編著	150 元
37.性的漫談	蘇燕謀編著	180 元
38.無的漫談	蘇燕謀編著	180 元
39.黑色漫談	蘇燕謀編著	180 元
40.白色漫談	蘇燕謀編著	180 元

・健康天地・電腦編號 18

1. 壓力的預防與治療	柯素娥編譯	130 元
2. 超科學氣的魔力	柯素娥編譯	130 元
3. 尿療法治病的神奇	中尾良一著	130 元
4. 鐵證如山的尿療法奇蹟	廖玉山譯	120 元
5. 一日斷食健康法	葉慈容編譯	150 元
6. 胃部強健法	陳炳崑譯	120 元
7. 癌症早期檢查法	廖松濤譯	160 元
8. 老人痴呆症防止法	柯素娥編譯	130 元
9. 松葉汁健康飲料	陳麗芬編譯	130 元
10. 揉肚臍健康法	永井秋夫著	150 元
11. 過勞死、猝死的預防	卓秀貞編譯	130 元
12. 高血壓治療與飲食	藤山順豐著	180 元
13. 老人看護指南	柯素娥編譯	150 元
14. 美容外科淺談	楊啓宏著	150 元
15. 美容外科新境界	楊啓宏著	150 元
16. 鹽是天然的醫生	西英司郎著	140 元

17.	年輕十歲不是夢	梁瑞麟譯	200 元
18.	茶料理治百病	桑野和民著	180 元
19.	綠茶治病寶典	桑野和民著	150 元
20.	杜仲茶養顏減肥法	西田博著	170 元
21.	蜂膠驚人療效	瀨長良三郎著	180 元
22.	蜂膠治百病	瀨長良三郎著	180 元
23.	醫藥與生活	鄭炳全著	180 元
24.	鈣長生寶典	落合敏著	180 元
25.	大蒜長生寶典	木下繁太郎著	160 元
26.	居家自我健康檢查	石川恭三著	160 元
27.	永恆的健康人生	李秀鈴譯	200 元
28.	大豆卵磷脂長生寶典	劉雪卿譯	150 元
29.	芳香療法	梁艾琳譯	160 元
30.	醋長生寶典	柯素娥譯	180 元
31.	從星座透視健康	席拉・吉蒂斯著	180 元
32.	愉悅自在保健學	野本二士夫著	160 元
33.	裸睡健康法	丸山淳士等著	160 元
34.	糖尿病預防與治療	藤田順豐著	180 元
35.	維他命長生寶典	菅原明子著	180 元
36.	維他命 C 新效果	鐘文訓編	150 元
37.	手、腳病理按摩	堤芳朗著	160 元
38.	AIDS 瞭解與預防	彼得塔歇爾著	180 元
39.	甲殼質殼聚糖健康法	沈永嘉譯	160 元
40.	神經痛預防與治療	木下真男著	160 元
41.	室內身體鍛鍊法	陳炳崑編著	160 元
42.	吃出健康藥膳	劉大器編著	180 元
43.	自我指壓術	蘇燕謀編著	160 元
44.	紅蘿蔔汁斷食療法	李玉瓊編著	150 元
45.	洗心術健康秘法	竺翠萍編譯	170 元
46.	枇杷葉健康療法	柯素娥編譯	180 元
47.	抗衰血癒	楊啓宏著	180 元
48.	與癌搏鬥記	逸見政孝著	180 元
49.	冬蟲夏草長生寶典	高橋義博著	170 元
50.	痔瘡・大腸疾病先端療法	宮島伸宜著	180 元
51.	膠布治癒頑固慢性病	加瀨建造著	180 元
52.	芝麻神奇健康法	小林貞作著	170 元
53.	香煙能防止癡呆？	高田明和著	180 元
54.	穀菜食治癌療法	佐藤成志著	180 元
55.	貼藥健康法	松原英多著	180 元
56.	克服癌症調和道呼吸法	帶津良一著	180 元
57.	B 型肝炎預防與治療	野村喜重郎著	180 元
58.	青春永駐養生導引術	早島正雄著	180 元
59.	改變呼吸法創造健康	原久子著	180 元
60.	荷爾蒙平衡養生秘訣	出村博著	180 元

61.	水美肌健康法	井戶勝富著	170 元
62.	認識食物掌握健康	廖梅珠編著	170 元
63.	痛風劇痛消除法	鈴木吉彥著	180 元
64.	酸莖菌驚人療效	上田明彥著	180 元
65.	大豆卵磷脂治現代病	神津健一著	200 元
66.	時辰療法—危險時刻凌晨 4 時	呂建強等著	180 元
67.	自然治癒力提升法	帶津良一著	180 元
68.	巧妙的氣保健法	藤平墨子著	180 元
69.	治癒 C 型肝炎	熊田博光著	180 元
70.	肝臟病預防與治療	劉名揚編著	180 元
71.	腰痛平衡療法	荒井政信著	180 元
72.	根治多汗症、狐臭	稻葉益巳著	220 元
73.	40 歲以後的骨質疏鬆症	沈永嘉譯	180 元
74.	認識中藥	松下一成著	180 元
75.	認識氣的科學	佐佐木茂美著	180 元
76.	我戰勝了癌症	安田伸著	180 元
77.	斑點是身心的危險信號	中野進著	180 元
78.	艾波拉病毒大震撼	玉川重德著	180 元
79.	重新還我黑髮	桑名隆一郎著	180 元
80.	身體節律與健康	林博史著	180 元
81.	生薑治萬病	石原結實著	180 元
82.	靈芝治百病	陳瑞東著	180 元
83.	木炭驚人的威力	大槻彰著	200 元
84.	認識活性氧	井土貴司著	180 元
85.	深海鮫治百病	廖玉山編著	180 元
86.	神奇的蜂王乳	井上丹治著	180 元
87.	卡拉 OK 健腦法	東潔著	180 元
88.	卡拉 OK 健康法	福田伴男著	180 元
89.	醫藥與生活	鄭炳全著	200 元
90.	洋蔥治百病	宮尾興平著	180 元
91.	年輕 10 歲快步健康法	石塚忠雄著	180 元
92.	石榴的驚人神效	岡本順子著	180 元
93.	飲料健康法	白鳥早奈英著	180 元
94.	健康棒體操	劉名揚編譯	180 元
95.	催眠健康法	蕭京凌編著	180 元
96.	鬱金（美王）治百病	水野修一著	180 元
97.	醫藥與生活	鄭炳全著	200 元

・實用女性學講座・電腦編號 19

1.	解讀女性內心世界	島田一男著	150 元
2.	塑造成熟的女性	島田一男著	150 元
3.	女性整體裝扮學	黃靜香編著	180 元
4.	女性應對禮儀	黃靜香編著	180 元

5.	女性婚前必修	小野十傳著	200 元
6.	徹底瞭解女人	田口二州著	180 元
7.	拆穿女性謊言 88 招	島田一男著	200 元
8.	解讀女人心	島田一男著	200 元
9.	俘獲女性絕招	志賀貢著	200 元
10.	愛情的壓力解套	中村理英子著	200 元
11.	妳是人見人愛的女孩	廖松濤編著	200 元

・校園系列・電腦編號 20

1.	讀書集中術	多湖輝著	180 元
2.	應考的訣竅	多湖輝著	150 元
3.	輕鬆讀書贏得聯考	多湖輝著	150 元
4.	讀書記憶秘訣	多湖輝著	180 元
5.	視力恢復！超速讀術	江錦雲譯	180 元
6.	讀書 36 計	黃柏松編著	180 元
7.	驚人的速讀術	鐘文訓編著	170 元
8.	學生課業輔導良方	多湖輝著	180 元
9.	超速讀超記憶法	廖松濤編著	180 元
10.	速算解題技巧	宋釗宜編著	200 元
11.	看圖學英文	陳炳崑編著	200 元
12.	讓孩子最喜歡數學	沈永嘉譯	180 元
13.	催眠記憶術	林碧清譯	180 元
14.	催眠速讀術	林碧清譯	180 元
15.	數學式思考學習法	劉淑錦譯	200 元
16.	考試憑要領	劉孝暉著	180 元
17.	事半功倍讀書法	王毅希著	200 元
18.	超金榜題名術	陳蒼杰譯	200 元
19.	靈活記憶術	林耀慶編著	180 元

・實用心理學講座・電腦編號 21

1.	拆穿欺騙伎倆	多湖輝著	140 元
2.	創造好構想	多湖輝著	140 元
3.	面對面心理術	多湖輝著	160 元
4.	偽裝心理術	多湖輝著	140 元
5.	透視人性弱點	多湖輝著	140 元
6.	自我表現術	多湖輝著	180 元
7.	不可思議的人性心理	多湖輝著	180 元
8.	催眠術入門	多湖輝著	150 元
9.	責罵部屬的藝術	多湖輝著	150 元
10.	精神力	多湖輝著	150 元
11.	厚黑說服術	多湖輝著	150 元

12.	集中力	多湖輝著	150 元
13.	構想力	多湖輝著	150 元
14.	深層心理術	多湖輝著	160 元
15.	深層語言術	多湖輝著	160 元
16.	深層說服術	多湖輝著	180 元
17.	掌握潛在心理	多湖輝著	160 元
18.	洞悉心理陷阱	多湖輝著	180 元
19.	解讀金錢心理	多湖輝著	180 元
20.	拆穿語言圈套	多湖輝著	180 元
21.	語言的內心玄機	多湖輝著	180 元
22.	積極力	多湖輝著	180 元

・超現實心理講座・電腦編號 22

1.	超意識覺醒法	詹蔚芬編譯	130 元
2.	護摩秘法與人生	劉名揚編譯	130 元
3.	秘法！超級仙術入門	陸明譯	150 元
4.	給地球人的訊息	柯素娥編著	150 元
5.	密教的神通力	劉名揚編著	130 元
6.	神秘奇妙的世界	平川陽一著	200 元
7.	地球文明的超革命	吳秋嬌譯	200 元
8.	力量石的秘密	吳秋嬌譯	180 元
9.	超能力的靈異世界	馬小莉譯	200 元
10.	逃離地球毀滅的命運	吳秋嬌譯	200 元
11.	宇宙與地球終結之謎	南山宏著	200 元
12.	驚世奇功揭秘	傅起鳳著	200 元
13.	啟發身心潛力心象訓練法	栗田昌裕著	180 元
14.	仙道術遁甲法	高藤聰一郎著	220 元
15.	神通力的秘密	中岡俊哉著	180 元
16.	仙人成仙術	高藤聰一郎著	200 元
17.	仙道符咒氣功法	高藤聰一郎著	220 元
18.	仙道風水術尋龍法	高藤聰一郎著	200 元
19.	仙道奇蹟超幻像	高藤聰一郎著	200 元
20.	仙道鍊金術房中法	高藤聰一郎著	200 元
21.	奇蹟超醫療治癒難病	深野一幸著	220 元
22.	揭開月球的神秘力量	超科學研究會	180 元
23.	西藏密教奧義	高藤聰一郎著	250 元
24.	改變你的夢術入門	高藤聰一郎著	250 元
25.	21 世紀拯救地球超技術	深野一幸著	250 元

・養 生 保 健・電腦編號 23

1.	醫療養生氣功	黃孝寬著	250 元

2. 中國氣功圖譜 余功保著 250元
3. 少林醫療氣功精粹 井玉蘭著 250元
4. 龍形實用氣功 吳大才等著 220元
5. 魚戲增視強身氣功 宮 嬰著 220元
6. 嚴新氣功 前新培金著 250元
7. 道家玄牝氣功 張 章著 200元
8. 仙家秘傳袪病功 李遠國著 160元
9. 少林十大健身功 秦慶豐著 180元
10. 中國自控氣功 張明武著 250元
11. 醫療防癌氣功 黃孝寬著 250元
12. 醫療強身氣功 黃孝寬著 250元
13. 醫療點穴氣功 黃孝寬著 250元
14. 中國八卦如意功 趙維漢著 180元
15. 正宗馬禮堂養氣功 馬禮堂著 420元
16. 秘傳道家筋經內丹功 王慶餘著 280元
17. 三元開慧功 辛桂林著 250元
18. 防癌治癌新氣功 郭 林著 180元
19. 禪定與佛家氣功修煉 劉天君著 200元
20. 顛倒之術 梅自強著 360元
21. 簡明氣功辭典 吳家駿編 360元
22. 八卦三合功 張全亮著 230元
23. 朱砂掌健身養生功 楊永著 250元
24. 抗老功 陳九鶴著 230元
25. 意氣按穴排濁自療法 黃啓運編著 250元
26. 陳式太極拳養生功 陳正雷著 200元
27. 健身袪病小功法 王培生著 200元
28. 張式太極混元功 張春銘著 250元
29. 中國璇密功 羅琴編著 250元
30. 中國少林禪密功 齊飛龍著 200元
31. 郭林新氣功 郭林新氣功研究所 400元

・社會人智囊・電腦編號 24

1. 糾紛談判術 清水增三著 160元
2. 創造關鍵術 淺野八郎著 150元
3. 觀人術 淺野八郎著 200元
4. 應急詭辯術 廖英迪編著 160元
5. 天才家學習術 木原武一著 160元
6. 貓型狗式鑑人術 淺野八郎著 180元
7. 逆轉運掌握術 淺野八郎著 180元
8. 人際圓融術 澀谷昌三著 160元
9. 解讀人心術 淺野八郎著 180元
10. 與上司水乳交融術 秋元隆司著 180元
11. 男女心態定律 小田晉著 180元

12. 幽默說話術	林振輝編著	200元
13. 人能信賴幾分	淺野八郎著	180元
14. 我一定能成功	李玉瓊譯	180元
15. 獻給青年的嘉言	陳蒼杰譯	180元
16. 知人、知面、知其心	林振輝編著	180元
17. 塑造堅強的個性	坂上肇著	180元
18. 為自己而活	佐藤綾子著	180元
19. 未來十年與愉快生活有約	船井幸雄著	180元
20. 超級銷售話術	杜秀卿譯	180元
21. 感性培育術	黃靜香編著	180元
22. 公司新鮮人的禮儀規範	蔡媛惠譯	180元
23. 傑出職員鍛鍊術	佐佐木正著	180元
24. 面談獲勝戰略	李芳黛譯	180元
25. 金玉良言撼人心	森純大著	180元
26. 男女幽默趣典	劉華亭編著	180元
27. 機智說話術	劉華亭編著	180元
28. 心理諮商室	柯素娥譯	180元
29. 如何在公司崢嶸頭角	佐佐木正著	180元
30. 機智應對術	李玉瓊編著	200元
31. 克服低潮良方	坂野雄二著	180元
32. 智慧型說話技巧	沈永嘉編著	180元
33. 記憶力、集中力增進術	廖松濤編著	180元
34. 女職員培育術	林慶旺編著	180元
35. 自我介紹與社交禮儀	柯素娥編著	180元
36. 積極生活創幸福	田中真澄著	180元
37. 妙點子超構想	多湖輝著	180元
38. 說NO的技巧	廖玉山編著	180元
39. 一流說服力	李玉瓊編著	180元
40. 般若心經成功哲學	陳鴻蘭編著	180元
41. 訪問推銷術	黃靜香編著	180元
42. 男性成功秘訣	陳蒼杰編著	180元
43. 笑容、人際智商	宮川澄子著	180元
44. 多湖輝的構想工作室	多湖輝著	200元
45. 名人名語啓示錄	喬家楓著	180元
46. 口才必勝術	黃柏松編著	220元
47. 能言善道的說話術	章智冠編著	180元
48. 改變人心成為贏家	多湖輝著	200元
49. 說服的ＩＱ	沈永嘉譯	200元
50. 提升腦力超速讀術	齊藤英治著	200元
51. 操控對手百戰百勝	多湖輝著	200元
52. 面試成功戰略	柯素娥編著	200元
53. 摸透男人心	劉華亭編著	180元
54. 撼動人心優勢口才	龔伯牧編著	180元
55. 如何使對方說 yes	程　羲編著	200元

56. 小道理・美好人生　林政峰編著　180 元
57. 拿破崙智慧箴言　柯素娥編著　200 元

・精選系列・電腦編號 25

1. 毛澤東與鄧小平　渡邊利夫等著　280 元
2. 中國大崩裂　江戶介雄著　180 元
3. 台灣・亞洲奇蹟　上村幸治著　220 元
4. 7-ELEVEN 高盈收策略　國友隆一著　180 元
5. 台灣獨立（新・中國日本戰爭一）　森詠著　200 元
6. 迷失中國的末路　江戶雄介著　220 元
7. 2000 年 5 月全世界毀滅　紫藤甲子男著　180 元
8. 失去鄧小平的中國　小島朋之著　220 元
9. 世界史爭議性異人傳　桐生操著　200 元
10. 淨化心靈享人生　松濤弘道著　220 元
11. 人生心情診斷　賴藤和寬著　220 元
12. 中美大決戰　檜山良昭著　220 元
13. 黃昏帝國美國　莊雯琳譯　220 元
14. 兩岸衝突（新・中國日本戰爭二）　森詠著　220 元
15. 封鎖台灣（新・中國日本戰爭三）　森詠著　220 元
16. 中國分裂（新・中國日本戰爭四）　森詠著　220 元
17. 由女變男的我　虎井正衛著　200 元
18. 佛學的安心立命　松濤弘道著　220 元
19. 世界喪禮大觀　松濤弘道著　280 元
20. 中國內戰（新・中國日本戰爭五）　森詠著　220 元
21. 台灣內亂（新・中國日本戰爭六）　森詠著　220 元
22. 琉球戰爭①（新・中國日本戰爭七）　森詠著　220 元
23. 琉球戰爭②（新・中國日本戰爭八）　森詠著　220 元

・運動遊戲・電腦編號 26

1. 雙人運動　李玉瓊譯　160 元
2. 愉快的跳繩運動　廖玉山譯　180 元
3. 運動會項目精選　王佑京譯　150 元
4. 肋木運動　廖玉山譯　150 元
5. 測力運動　王佑宗譯　150 元
6. 游泳入門　唐桂萍編著　200 元
7. 帆板衝浪　王勝利譯　300 元

・休閒娛樂・電腦編號 27

1. 海水魚飼養法　田中智浩著　300 元
2. 金魚飼養法　曾雪玫譯　250 元

3.	熱門海水魚	毛利匡明著	480 元
4.	愛犬的教養與訓練	池田好雄著	250 元
5.	狗教養與疾病	杉浦哲著	220 元
6.	小動物養育技巧	三上昇著	300 元
7.	水草選擇、培育、消遣	安齊裕司著	300 元
8.	四季釣魚法	釣朋會著	200 元
9.	簡易釣魚入門	張果馨譯	200 元
10.	防波堤釣入門	張果馨譯	220 元
11.	透析愛犬習性	沈永嘉譯	200 元
20.	園藝植物管理	船越亮二著	220 元
21.	實用家庭菜園ＤＩＹ	孔翔儀著	200 元
30.	汽車急救ＤＩＹ	陳瑞雄編著	200 元
31.	巴士旅行遊戲	陳羲編著	180 元
32.	測驗你的ＩＱ	蕭京凌編著	180 元
33.	益智數字遊戲	廖玉山編著	180 元
40.	撲克牌遊戲與贏牌秘訣	林振輝編著	180 元
41.	撲克牌魔術、算命、遊戲	林振輝編著	180 元
42.	撲克占卜入門	王家成編著	180 元
50.	兩性幽默	幽默選集編輯組	180 元
51.	異色幽默	幽默選集編輯組	180 元

・銀髮族智慧學・電腦編號 28

1.	銀髮六十樂逍遙	多湖輝著	170 元
2.	人生六十反年輕	多湖輝著	170 元
3.	六十歲的決斷	多湖輝著	170 元
4.	銀髮族健身指南	孫瑞台編著	250 元
5.	退休後的夫妻健康生活	施聖茹譯	200 元

・飲 食 保 健・電腦編號 29

1.	自己製作健康茶	大海淳著	220 元
2.	好吃、具藥效茶料理	德永睦子著	220 元
3.	改善慢性病健康藥草茶	吳秋嬌譯	200 元
4.	藥酒與健康果菜汁	成玉編著	250 元
5.	家庭保健養生湯	馬汴梁編著	220 元
6.	降低膽固醇的飲食	早川和志著	200 元
7.	女性癌症的飲食	女子營養大學	280 元
8.	痛風者的飲食	女子營養大學	280 元
9.	貧血者的飲食	女子營養大學	280 元
10.	高脂血症者的飲食	女子營養大學	280 元
11.	男性癌症的飲食	女子營養大學	280 元
12.	過敏者的飲食	女子營養大學	280 元

13. 心臟病的飲食	女子營養大學	280 元
14. 滋陰壯陽的飲食	王增著	220 元
15. 胃、十二指腸潰瘍的飲食	勝健一等著	280 元
16. 肥胖者的飲食	雨宮禎子等著	280 元
17. 癌症有效的飲食	河內卓等著	280 元
18. 糖尿病有效的飲食	山田信博等著	280 元

・家庭醫學保健・電腦編號 30

1. 女性醫學大全	雨森良彥著	380 元
2. 初為人父育兒寶典	小瀧周曹著	220 元
3. 性活力強健法	相建華著	220 元
4. 30 歲以上的懷孕與生產	李芳黛編著	220 元
5. 舒適的女性更年期	野末悅子著	200 元
6. 夫妻前戲的技巧	笠井寬司著	200 元
7. 病理足穴按摩	金慧明著	220 元
8. 爸爸的更年期	河野孝旺著	200 元
9. 橡皮帶健康法	山田晶著	180 元
10. 三十三天健美減肥	相建華等著	180 元
11. 男性健美入門	孫玉祿編著	180 元
12. 強化肝臟秘訣	主婦　友社編	200 元
13. 了解藥物副作用	張果馨譯	200 元
14. 女性醫學小百科	松山榮吉著	200 元
15. 左轉健康法	龜田修等著	200 元
16. 實用天然藥物	鄭炳全編著	260 元
17. 神秘無痛平衡療法	林宗駛著	180 元
18. 膝蓋健康法	張果馨譯	180 元
19. 針灸治百病	葛書翰著	250 元
20. 異位性皮膚炎治癒法	吳秋嬌譯	220 元
21. 禿髮白髮預防與治療	陳炳崑編著	180 元
22. 埃及皇宮菜健康法	飯森薰著	200 元
23. 肝臟病安心治療	上野幸久著	220 元
24. 耳穴治百病	陳抗美等著	250 元
25. 高效果指壓法	五十嵐康彥著	200 元
26. 瘦水、胖水	鈴木園子著	200 元
27. 手針新療法	朱振華著	200 元
28. 香港腳預防與治療	劉小惠譯	250 元
29. 智慧飲食吃出健康	柯富陽編著	200 元
30. 牙齒保健法	廖玉山編著	200 元
31. 恢復元氣養生食	張果馨譯	200 元
32. 特效推拿按摩術	李玉田著	200 元
33. 一週一次健康法	若狹真著	200 元
34. 家常科學膳食	大塚滋著	220 元
35. 夫妻們閱讀的男性不孕	原利夫著	220 元

36.	自我瘦身美容	馬野詠子著	200 元
37.	魔法姿勢益健康	五十嵐康彥著	200 元
38.	眼病錘療法	馬栩周著	200 元
39.	預防骨質疏鬆症	藤田拓男著	200 元
40.	骨質增生效驗方	李吉茂編著	250 元
41.	蕺菜健康法	小林正夫著	200 元
42.	赧於啓齒的男性煩惱	增田豐著	220 元
43.	簡易自我健康檢查	稻葉允著	250 元
44.	實用花草健康法	友田純子著	200 元
45.	神奇的手掌療法	日比野喬著	230 元
46.	家庭式三大穴道療法	刑部忠和著	200 元
47.	子宮癌、卵巢癌	岡島弘幸著	220 元
48.	糖尿病機能性食品	劉雪卿編著	220 元
49.	奇蹟活現經脈美容法	林振輝編譯	200 元
50.	Super SEX	秋好憲一著	220 元
51.	了解避孕丸	林玉佩譯	200 元
52.	有趣的遺傳學	蕭京凌編著	200 元
53.	強身健腦手指運動	羅群等著	250 元
54.	小周天健康法	莊雯琳譯	200 元
55.	中西醫結合醫療	陳蒼杰譯	200 元
56.	沐浴健康法	楊鴻儒譯	200 元
57.	節食瘦身秘訣	張芷欣編著	200 元
58.	酵素健康法	楊皓譯	200 元
59.	一天 10 分鐘健康太極拳	劉小惠譯	250 元
60.	中老年人疲勞消除法	五味雅吉著	220 元
61.	與齲齒訣別	楊鴻儒譯	220 元
62.	禪宗自然養生法	費德漢編著	200 元
63.	女性切身醫學	編輯群編	200 元
64.	乳癌發現與治療	黃靜香編著	200 元
65.	做媽媽之前的孕婦日記	林慈姮編著	180 元
66.	從誕生到一歲的嬰兒日記	林慈姮編著	180 元
67.	6 個月輕鬆增高	江秀珍譯	200 元

・超經營新智慧・電腦編號 31

1.	躍動的國家越南	林雅倩譯	250 元
2.	甦醒的小龍菲律賓	林雅倩譯	220 元
3.	中國的危機與商機	中江要介著	250 元
4.	在印度的成功智慧	山內利男著	220 元
5.	7-ELEVEN 大革命	村上豐道著	200 元
6.	業務員成功秘方	呂育清編著	200 元
7.	在亞洲成功的智慧	鈴木讓二著	220 元
8.	圖解活用經營管理	山際有文著	220 元
9.	速效行銷學	江尻弘著	220 元

10. 猶太成功商法	周蓮芬編著	200元
11. 工廠管理新手法	黃柏松編著	220元
12. 成功隨時掌握在凡人手中	竹村健一著	220元
13. 服務・所以成功	中谷彰宏著	200元

・親子系列・電腦編號 32

1. 如何使孩子出人頭地	多湖輝著	200元
2. 心靈啓蒙教育	多湖輝著	280元
3. 如何使孩子數學滿分	林明嬋編著	180元
4. 終身受用的學習秘訣	李芳黛譯	200元
5. 數學疑問破解	陳蒼杰譯	200元

・雅致系列・電腦編號 33

1. 健康食譜春冬篇	丸元淑生著	200元
2. 健康食譜夏秋篇	丸元淑生著	200元
3. 純正家庭料理	陳建民等著	200元
4. 家庭四川菜	陳建民著	200元
5. 醫食同源健康美食	郭長聚著	200元
6. 家族健康食譜	東畑朝子著	200元

・美術系列・電腦編號 34

1. 可愛插畫集	鉛筆等著	220元
2. 人物插畫集	鉛筆等著	180元

・勞作系列・電腦編號 35

1. 活動玩具ＤＩＹ	李芳黛譯	230元
2. 組合玩具ＤＩＹ	李芳黛譯	230元
3. 花草遊戲ＤＩＹ	張果馨譯	250元

・元氣系列・電腦編號 36

1. 神奇大麥嫩葉「綠效末」	山田耕路著	200元
2. 高麗菜發酵精的功效	大澤俊彥著	200元

・心 靈 雅 集・電腦編號 00

1. 禪言佛語看人生	松濤弘道著	180元
2. 禪密教的奧秘	葉逯謙譯	120元

3.	觀音大法力	田口日勝著	120 元
4.	觀音法力的大功德	田口日勝著	120 元
5.	達摩禪 106 智慧	劉華亭編譯	220 元
6.	有趣的佛教研究	葉逯謙編譯	170 元
7.	夢的開運法	蕭京凌譯	180 元
8.	禪學智慧	柯素娥編譯	130 元
9.	女性佛教入門	許俐萍譯	110 元
10.	佛像小百科	心靈雅集編譯組	130 元
11.	佛教小百科趣談	心靈雅集編譯組	120 元
12.	佛教小百科漫談	心靈雅集編譯組	150 元
13.	佛教知識小百科	心靈雅集編譯組	150 元
14.	佛學名言智慧	松濤弘道著	220 元
15.	釋迦名言智慧	松濤弘道著	220 元
16.	活人禪	平田精耕著	120 元
17.	坐禪入門	柯素娥編譯	150 元
18.	現代禪悟	柯素娥編譯	130 元
19.	道元禪師語錄	心靈雅集編譯組	130 元
20.	佛學經典指南	心靈雅集編譯組	130 元
21.	何謂「生」阿含經	心靈雅集編譯組	150 元
22.	一切皆空　般若心經	心靈雅集編譯組	180 元
23.	超越迷惘　法句經	心靈雅集編譯組	130 元
24.	開拓宇宙觀　華嚴經	心靈雅集編譯組	180 元
25.	真實之道　法華經	心靈雅集編譯組	130 元
26.	自由自在　涅槃經	心靈雅集編譯組	180 元
27.	沈默的教示　維摩經	心靈雅集編譯組	150 元
28.	開通心眼　佛語佛戒	心靈雅集編譯組	130 元
29.	揭秘寶庫　密教經典	心靈雅集編譯組	180 元
30.	坐禪與養生	廖松濤譯	110 元
31.	釋尊十戒	柯素娥編譯	120 元
32.	佛法與神通	劉欣如編著	120 元
33.	悟（正法眼藏的世界）	柯素娥編譯	120 元
34.	只管打坐	劉欣如編著	120 元
35.	喬答摩・佛陀傳	劉欣如編著	120 元
36.	唐玄奘留學記	劉欣如編著	120 元
37.	佛教的人生觀	劉欣如編譯	110 元
38.	無門關(上卷)	心靈雅集編譯組	150 元
39.	無門關(下卷)	心靈雅集編譯組	150 元
40.	業的思想	劉欣如編著	130 元
41.	佛法難學嗎	劉欣如著	140 元
42.	佛法實用嗎	劉欣如著	140 元
43.	佛法殊勝嗎	劉欣如著	140 元
44.	因果報應法則	李常傳編	180 元
45.	佛教醫學的奧秘	劉欣如編著	150 元
46.	紅塵絕唱	海　若著	130 元

47. 佛教生活風情	洪丕謨、姜玉珍著	220 元
48. 行住坐臥有佛法	劉欣如著	160 元
49. 起心動念是佛法	劉欣如著	160 元
50. 四字禪語	曹洞宗青年會	200 元
51. 妙法蓮華經	劉欣如編著	160 元
52. 根本佛教與大乘佛教	葉作森編	180 元
53. 大乘佛經	定方晟著	180 元
54. 須彌山與極樂世界	定方晟著	180 元
55. 阿闍世的悟道	定方晟著	180 元
56. 金剛經的生活智慧	劉欣如著	180 元
57. 佛教與儒教	劉欣如編譯	180 元
58. 佛教史入門	劉欣如編譯	180 元
59. 印度佛教思想史	劉欣如編譯	200 元
60. 佛教與女性	劉欣如編譯	180 元
61. 禪與人生	洪丕謨主編	260 元
62. 領悟佛經的智慧	劉欣如著	200 元
63. 假相與實相	心靈雅集編	200 元
64. 耶穌與佛陀	劉欣如著	200 元

・經 營 管 理・電腦編號 01

◎ 創新經營管理六十六大計(精)	蔡弘文編	780 元
1. 如何獲取生意情報	蘇燕謀譯	110 元
2. 經濟常識問答	蘇燕謀譯	130 元
4. 台灣商戰風雲錄	陳中雄著	120 元
5. 推銷大王秘錄	原一平著	180 元
6. 新創意・賺大錢	王家成譯	90 元
10. 美國實業 24 小時	柯順隆譯	80 元
11. 撼動人心的推銷法	原一平著	150 元
12. 高竿經營法	蔡弘文編	120 元
13. 如何掌握顧客	柯順隆譯	150 元
17. 一流的管理	蔡弘文編	150 元
18. 外國人看中韓經濟	劉華亭譯	150 元
20. 突破商場人際學	林振輝編著	90 元
22. 如何使女人打開錢包	林振輝編著	100 元
24. 小公司經營策略	王嘉誠著	160 元
25. 成功的會議技巧	鐘文訓編譯	100 元
26. 新時代老闆學	黃柏松編著	100 元
27. 如何創造商場智囊團	林振輝編譯	150 元
28. 十分鐘推銷術	林振輝編譯	180 元
29. 五分鐘育才	黃柏松編譯	100 元
33. 自我經濟學	廖松濤編譯	100 元
34. 一流的經營	陶田生編著	120 元
35. 女性職員管理術	王昭國編譯	120 元

36. ＩＢＭ的人事管理	鐘文訓編譯	150 元
37. 現代電腦常識	王昭國編譯	150 元
38. 電腦管理的危機	鐘文訓編譯	120 元
39. 如何發揮廣告效果	王昭國編譯	150 元
40. 最新管理技巧	王昭國編譯	150 元
41. 一流推銷術	廖松濤編譯	150 元
42. 包裝與促銷技巧	王昭國編譯	130 元
43. 企業王國指揮塔	松下幸之助著	120 元
44. 企業精銳兵團	松下幸之助著	120 元
45. 企業人事管理	松下幸之助著	100 元
46. 華僑經商致富術	廖松濤編譯	130 元
47. 豐田式銷售技巧	廖松濤編譯	180 元
48. 如何掌握銷售技巧	王昭國編著	130 元
50. 洞燭機先的經營	鐘文訓編譯	150 元
52. 新世紀的服務業	鐘文訓編譯	100 元
53. 成功的領導者	廖松濤編譯	120 元
54. 女推銷員成功術	李玉瓊編譯	130 元
55. ＩＢＭ人才培育術	鐘文訓編譯	100 元
56. 企業人自我突破法	黃琪輝編著	150 元
58. 財富開發術	蔡弘文編著	130 元
59. 成功的店鋪設計	鐘文訓編著	150 元
61. 企管回春法	蔡弘文編著	130 元
62. 小企業經營指南	鐘文訓編譯	100 元
63. 商場致勝名言	鐘文訓編譯	150 元
64. 迎接商業新時代	廖松濤編譯	100 元
66. 新手股票投資入門	何朝乾編著	200 元
67. 上揚股與下跌股	何朝乾編譯	180 元
68. 股票速成學	何朝乾編譯	200 元
69. 理財與股票投資策略	黃俊豪編著	180 元
70. 黃金投資策略	黃俊豪編著	180 元
71. 厚黑管理學	廖松濤編譯	180 元
72. 股市致勝格言	呂梅莎編譯	180 元
73. 透視西武集團	林谷燁編譯	150 元
76. 巡迴行銷術	陳蒼杰譯	150 元
77. 推銷的魔術	王嘉誠譯	120 元
78. 60 秒指導部屬	周蓮芬編譯	150 元
79. 精銳女推銷員特訓	李玉瓊編譯	130 元
80. 企劃、提案、報告圖表的技巧	鄭汶譯	180 元
81. 海外不動產投資	許達守編譯	150 元
82. 八百伴的世界策略	李玉瓊譯	150 元
83. 服務業品質管理	吳宜芬譯	180 元
84. 零庫存銷售	黃東謙編譯	150 元
85. 三分鐘推銷管理	劉名揚編譯	150 元
86. 推銷大王奮鬥史	原一平著	150 元

國家圖書館出版品預行編目資料

愛情・幸福完全自測／淺野八郎著／陳蒼杰譯
－初版－臺北市，大展，民 90
面；21 公分－（生活廣場；13）
ISBN 957-468-051-7（平裝）
1. 心理測驗
179　　　　89018115

愛情・幸福 完全自測　ISBN 957-468-051-7

原著者／淺野八郎
編譯者／陳蒼杰
發行人／蔡森明
出版者／大展出版社有限公司
總經銷／品冠文化出版社
社　址／台北市北投區（石牌）致遠一路 2 段 12 巷 1 號
電　話／(02) 28236031・28236033・28233123
傳　真／(02) 28272069
郵政劃撥／01669551〈大展〉・19346241〈品冠〉
登記證／局版臺業字第 2171 號
E-mail／dah-jaan@ms9.tisnet.net.tw
承印者／國順圖書印刷公司
裝　訂／嶸興裝訂有限公司
排版者／千兵企業有限公司
初版 1 刷／2001 年（民 90 年） 1 月
初版發行／2001 年（民 90 年） 3 月

定　價／200 元